Mosaik bei
GOLDMANN

Buch

Wie ein Teller dampfender Hühnersuppe an einem kalten Tag unsere Lebensgeister zurückbringt, so erwärmt dieses Buch unser Herz und spendet Trost in schwierigen Zeiten von Krankheit und Leid. 365 kleine Geschichten und Erzählungen, tröstende Gedanken und aufbauende Worte inspirieren, wieder Mut zu fassen und zuversichtlich den Weg der Heilung zu beschreiten. Menschen erzählen von ihren eigenen Rückschlägen und Erfolgen, von ihren Zweifeln und Triumphen. Ihre Erfahrungen zeigen, dass Beziehungen geheilt, schlimme Situationen zu Harmonie und Glück gewendet werden können und dass in jeder Lebenssituation eine Chance liegt.

Autoren

Jack Canfield geht seit über 30 Jahren der Frage nach, was erfolgreiche Menschen anders machen als andere. Er hat dabei herausgefunden, was sie auszeichnet und was sie antreibt. Seine »Hühnersuppe für die Seele«-Bücher haben sich bisher weltweit über 50 Millionen Mal verkauft.

Mark Victor Hansen ist Karriereberater. Er lehrt Verkaufsstrategien und Persönlichkeitsentwicklung. Seine Seminare befähigen die Teilnehmer, ihre Talente im Berufs- und Privatleben optimal einzusetzen.

Von den Autoren außerdem bei Mosaik bei Goldmann
Hühnersüppchen für die Seele (16440)
Noch mehr Hühnersüppchen für die Seele (16655)
Viel mehr Hühnersüppchen für die Seele (16747)
Kompass für die Seele (16666)

Jack Canfield
Mark Victor Hansen

Hühnersuppe für die Seele – zum Kraftschöpfen

Aus dem Amerikanischen
von Burkhard Hickisch

Mosaik bei
GOLDMANN

Alle Ratschläge und Hinweise in diesem Buch wurden von den Autoren und vom Verlag sorgfältig erwogen und geprüft. Eine Garantie kann dennoch nicht übernommen werden. Eine Haftung der Autoren beziehungsweise des Verlags für Personen-, Sach- und Vermögensschäden ist daher ausgeschlossen.

FSC
Mix
Produktgruppe aus vorbildlich
bewirtschafteten Wäldern und
anderen kontrollierten Herkünften
Zert.-Nr. SGS-COC-1940
www.fsc.org
© 1996 Forest Stewardship Council

Verlagsgruppe Random House FSC-DEU-0100
Das für dieses Buch verwendete FSC-zertifizierte Papier *Munken Print*
liefert Arctic Paper Munkedals AB, Schweden.

1. Auflage
Deutsche Erstausgabe Oktober 2007
© 2007 der deutschsprachigen Ausgabe
Wilhelm Goldmann Verlag, München,
in der Verlagsgruppe Random House GmbH
© 2005 Jack Canfield, Marc Victor Hansen
Published under agreement with Health Communications Inc.,
Deerfield Beach, Florida, U.S.A.
Originaltitel: Chicken Soup for the Recovering Soul – Daily Inspirations
Umschlaggestaltung: Design Team München
Umschlagmotiv: Getty Images/Speidel
Redaktion: Christine Stecher
Satz: Buch-Werkstatt GmbH, Bad Aibling
Druck: GGP Media GmbH, Pößneck
LH · Herstellung: Han
Printed in Germany
ISBN 978-3-442-16928-3

www.mosaik-goldmann.de

*Wenn du am Rand des Lichts stehst und einen Schritt
ins dunkle Unbekannte machen musst,
wird Folgendes geschehen:
Entweder stößt du auf etwas Solides,
das dir Halt gibt, oder du lernst zu fliegen.*
Patrick Overton

1

Heute ist für mich ein Neubeginn. Ich fange damit an, alle negativen Gedanken, Gefühle und Überzeugungen loszulassen, die mein Wachstum behindern. Ich entscheide mich bewusst für andere Gedanken und Wertmaßstäbe und finde neue Wege, meine einzigartigen Talente auszudrücken. Ich erkenne, wie wichtig es ist, mich selbst und andere besser zu verstehen. Ich sehe die Beziehungen zu meiner Familie und meinen Freunden im neuen Licht und entscheide mich dafür, zu anderen lebendige, aufbauende Kontakte zu pflegen. Ich heiße den neuen Tag, das neue Jahr und das neue Ich aus ganzem Herzen willkommen. Ich freue mich auf die wunderbaren Möglichkeiten, die mir offenstehen.

ROKELLE LERNER

*Saug jede neue Erfahrung wie ein Schwamm auf –
denn was sie dir bringt,
weißt du erst, wenn du dich voll auf sie einlässt.*

JIM ROHN

2

Als ich klein war, brachte man mir bei, nur ja keinen Ärger zu machen. Man sagte mir, dass eigene Meinungen und Wünsche mich in Schwierigkeiten bringen könnten. Manchmal zeigt sich diese Vorstellung noch in meinem Verhalten als Mutter, wenn ich keinen festen Standpunkt beziehe und meinen Kindern keine Grenzen setze. Wenn meine Kinder uneinsichtig sind oder in Wut geraten, kommt die Angst hoch, die ich als Kind hatte, und meine Reaktion besteht darin, um des lieben Friedens willen klein beizugeben. Dies ist keine gesunde Einstellung. Ich muss mich mit den Ängsten auseinandersetzen, unter denen ich als Kind litt, und mit dem Gefühl der Hilflosigkeit, das mich immer wieder überwältigt hat. Ich muss zwischen dem Kind, das ich war, und der Erwachsenen, die ich bin, unterscheiden können. Ich darf mein inneres Kind nicht auf das Kind projizieren, das ich großziehe.

TIAN DAYTON

Ein Kind zu lieben bedeutet nicht,
all seinen Launen nachzugeben.
Wenn man sein Kind liebt,
hilft man ihm, zu zeigen, was in ihm steckt,
und bringt ihm bei,
Schwierigkeiten nicht aus dem Weg zu gehen.

NADIA BOULANGER

3

Als ich ein Teenager war, brachte mir meine Großmutter das Sticken bei. Am Anfang war ich mir nicht sicher, ob ich es jemals lernen würde, denn ich traute mir nichts zu. Meine Großmutter machte mir jedoch Mut, einfache Muster in meiner eigenen Geschwindigkeit zu sticken. Manchmal ging es ganz gut, und manchmal klappte es überhaupt nicht; das eine Mal schmiss ich alles hin, und das andere Mal fing ich wieder von vorn an. Aber als ich mein erstes Werk fertig hatte, sah ich, dass ich trotz großen Gestöhns und vieler Anläufe schließlich mit perfekten Stichen zu meiner großen Befriedigung etwas Neues geschaffen hatte. Genauso ist es im Leben. Jedes Mal, wenn ich einen Faden in die Nadel einfädele, wird mir diese Tatsache wieder bewusst.

CHRISTYNA HUNTER

Zu beginnen ist eine große Kunst,
aber noch größer ist die Kunst des Beendens.
HENRY WADSWORTH LONGFELLOW

4

Kümmern Sie sich für einige Minuten, für ein paar Stunden oder den ganzen Tag lang nicht darum, was andere denken mögen oder was für Sie bei einer Sache herausspringen wird oder ob Ihnen vielleicht etwas in die Quere kommt. Fühlen Sie die Freiheit und die Freude, die Dinge einfach nur zu tun und neue, bislang ungeahnte Möglichkeiten zu erkunden. Allein der Entschluss, Ihr Ego loszulassen, macht alles ganz einfach, und Ihr Leben wird sich zum Guten wenden.

BRAHMA KUMARIS WORLD SPIRITUAL UNIVERSITY

Das, von dem Sie sich am meisten wünschen,
frei zu sein, ist auch das,
was Sie am meisten wachsen lässt.

BRAHMA KUMARIS

5

Gerade heute hege ich weder Hass noch Abneigung. Heute vergebe ich dem, der mich verletzt. Ich bin ein Kind Gottes, und ich erlaube heute diesem Kind, seine Kreativität zu entfalten.

Ich bitte heute Gott, mir zu vergeben, und ich bin bereit, seine Vergebung zu empfangen.

JAYE LEWIS

Vergebung ist ein Geschenk, das du dir selbst machst.
SUZANNE SOMERS

6

In jedem Menschen steckt ein unzerstörbarer Kern der Würde und Selbstachtung. Die Lebensumstände mögen dazu führen, dass dieser Kern unter Schichten von Schmutz begraben wird. Doch das Gefühl der Würde kämpft sich empor, um Anerkennung zu finden, und eines Tages gelangt es an die Oberfläche. Dann wird sich der betreffende Mensch bewusst, dass er etwas Besseres ist. In diesem Augenblick kann das Wunder der Genesung seinen Anfang nehmen.

ABRAHAM J. TWERSKI

*Die beste Lösung für kleine Probleme besteht darin,
Leuten mit großen Problemen zu helfen.*
RABBI KALMAN PACKOUZ

7

Wenn Sie sich auf das Leben und alles, was es Ihnen bietet, einlassen, lernen Sie, seinen Wert immer mehr zu schätzen. Wenn Sie sich für das Leben öffnen, überkommt Sie ein Gefühl der Zufriedenheit, das Ihnen dabei hilft, für jeden Moment dankbar zu sein. Sie wünschen sich nicht länger, an einem anderen Ort zu sein und andere Erfahrungen zu machen. Stattdessen akzeptieren Sie das, was auf Sie zukommt, und machen das Beste daraus. Auf diese Weise können Sie ein sinnerfülltes Leben führen und jeden Augenblick voller Dankbarkeit genießen.

PEGGY REEVES

Es gibt nur das Hier und Jetzt. Schau nicht zurück – oder dir entgeht das Leben. Kein anderes Ziel, kein anderer Weg, kein anderer Tag als heute.

JONATHAN LARSON

8

Als ich einsam war und keine Hoffnung hatte, traf ich eine Seele, die mein Leben veränderte. Das war ich selbst. Ich fing an zu verstehen, zu lieben, für meine Zukunft verantwortlich zu sein und zu akzeptieren, dass die Vergangenheit nicht mehr verändert werden kann. Statt ohne Ziel durchs Leben zu gehen und mich in meinen quälenden Gedanken zu verlieren, mache ich mir klar, dass, wer Schmerz fühlt, genauso Freude zu empfinden vermag. So kann ich den Augenblick genießen und mich an einem Sonnenuntergang, einem Seepanorama, einer Träne, einem Lächeln oder an dem Zusammensein mit einem Freund erfreuen.

Isa Traverso-Burger

Ich habe keinen Einfluss auf die Windrichtung,
aber ich kann meine Segel so setzen,
dass ich immer mein Ziel erreiche.

Unbekannt

9

Je mehr Überfluss ich in meinem Leben zulassen kann, desto mehr wird er sich zeigen. Wenn ich unbewusst an Begrenzung und Mangel glaube, wird sich diese innere Einstellung in meinem Leben manifestieren. Wenn ich hingegen den Wohlstand dieser Welt als grenzenlos betrachte und davon ausgehe, dass ich und andere an ihm teilhaben, gebe ich ihm die Möglichkeit, in mein Leben zu kommen. Ich denke positiv über den Wohlstand anderer Menschen, denn was für andere zutrifft, kann auch für mich gelten. Ich lasse Überfluss und Fülle in meinem Leben zu.

TIAN DAYTON

Der Mond gehört allen;
die besten Dinge im Leben sind kostenlos.
B. G. DeSylva

10

Träume sind von erstaunlicher Beständigkeit. Selbst wenn man sie vergisst, liegen sie wie getrocknete Samenkörner in der Wüste und warten. Ein Traum mag zerbrechlich und vergänglich erscheinen, aber in der zarten Schale steckt ein großes kreatives Potenzial. Manchmal vergessen wir diese alten Träume in uns, aber sie vergessen uns nicht. Nach harten Jahren der Dürre kommt irgendwann der Frühlingsregen, und unsere »toten« Träume fangen unerwartet an zu sprießen. Wir sind entzückt, ihre Gestalt wieder wahrzunehmen, atmen ihren Duft wieder ein und können nicht begreifen, warum wir sie vergessen hatten. Ich werde heute zum Garten meiner vergessenen Träume gehen – und eine große Gießkanne mitnehmen.

RHONDA BRUNEA

*Alle unsere Träume können wahr werden –
wenn wir den Mut haben, an ihnen festzuhalten.*
WALT DISNEY

II

Raue Winterstürme kann man nicht so schnell vergessen, und ich denke an die vielen unangenehmen Seiten der unfreundlichsten aller Jahreszeiten. Erinnerungen aus meiner unglücklichen Kindheit sind immer noch in mir lebendig und jagen Kälteschauer durch meine Seele. Ich bin mir ihrer bewusst, genauso wie ich die Kälte der Welt um mich herum wahrnehme. Es ist nicht nötig, dagegen anzukämpfen. Ich bin so einzigartig wie eine Schneeflocke und ein wichtiger Bestandteil des Lebens. Ich spüre, wie sich in meiner Seele eine neue Wärme ausbreitet, während ich geduldig auf den Frühling warte, auf seinen wärmenden Sonnenschein und seine frische Brise, die mich verjüngt.

ROKELLE LERNER

Was uns das Leben bringt,
wird nicht so sehr dadurch bestimmt,
was geschieht,
sondern wie wir auf das,
was geschieht, reagieren.

LEWIS L. DUNNINGTON

12

Manche halten den Mann, von dem ich erzählen möchte, für ein wenig seltsam. Eine Woche bevor mein Sohn geboren wurde, stützte ich mich erschöpft an seinem Zaun ab und bewunderte seine Blumenrabatten. Er schwieg einen Moment lang und sagte dann: »Ich habe diese Blumen immer von meinem Fenster aus gesehen, als ich im Gefängnis war.« Ich legte schützend die Hand über mein ungeborenes Kind. »Ich war Kriegsgefangener«, fuhr er fort. »Eigentlich noch ein Kind. Meine Eltern und meine Schwester waren ermordet worden, und ich wollte nicht mehr leben. Dann sah ich diese Pracht vom Fenster meiner Zelle aus und fasste den Entschluss, ein paar von ihnen zu pflücken und ihren Samen aufzubewahren, wenn ich jemals wieder frei sein sollte.«
Die Dinge sind nicht immer das, was sie auf den ersten Blick zu sein scheinen.

MARY LEE MOYNAN

Unermesslicher Reichtum umgibt dich,
wenn du deine geistigen Augen öffnest und
die unendliche Schatzkammer
in deinem Innern betrachtest.

JOSEPH MURPHY

13

Wir stellen endlose Listen auf; Listen von allem, was in uns zerbrochen ist. Wir führen auch lange Listen darüber, was wir tun sollten und bislang noch nicht getan haben. Wir haben Listen von dem, was wir bedauern, Listen unserer Beschwerden und Listen, auf denen steht: »Passiert sowieso nicht«.

Heute beginnen wir eine neue Liste mit der Überschrift »Alles, was für mich möglich ist«. Sie fängt in etwa so an: Ich kann jemandes Hand halten; ich kann Enten im Park füttern; ich kann ein Buch lesen oder ein Buch schreiben; ich kann ein Ehrenamt übernehmen; ich kann die Kälte und die Wärme spüren; ich kann atmen; ich kann lächeln.

Barbara A. Croce

Ich kenne keinen besseren Lebenszweck,
als daran zugrunde zu gehen,
das Große und Unmögliche zu erreichen.

Friedrich Nietzsche

14

Wir sind Überlebenskünstler. Wir sind unverwüstlich. In uns liegt große Stärke; wir besitzen die Fähigkeit, etwas zu überwinden und auszuhalten. Aufgrund von Leid, das wir niemals verdient haben, bauen wir die Mauern, hinter denen wir unsere Geheimnisse verstecken. Geheimnisse, die scheinbar zu schwierig sind, um freimütig mit ihnen umzugehen. Wir fürchten, dass wir nur noch mehr leiden, wenn wir jemandem unsere Geheimnisse offenbaren.
Sie haben die Wahl. Entweder Sie verstecken Ihr Geheimnis für immer hinter Ihren Mauern, oder Sie setzen Ihre Stärke und Ihren Mut ein, um das Schweigen zu brechen, auf dass die Wahrheit Sie befreien kann.

NICOLE BRADDOCK

Die Wahrheit ist das Geheimnis von Beredsamkeit und Tugend, die Grundlage moralischer Autorität.
Sie ist der höchste Gipfel der Kunst und des Lebens.

HENRI-FRÉDÉRIC AMIEL

15

Einen Tag nachdem meine Tochter mir erzählt hatte, dass der Mann, mit dem ich zehn Jahre lang verheiratet war, sie sexuell belästigt, stand ich ohne Zuhause und ohne Job da. Mit drei verängstigten Kindern flüchtete ich mich in ein Frauenhaus. Ich hatte zehn Jahre damit verbracht, mich unter dem Gebrüll und den Schlägen wegzuducken und mit aller Kraft zu versuchen, mich mit einem Leben zu arrangieren, das zum Albtraum geworden war. Ich hatte offensichtlich versagt und war am Tiefpunkt meines Lebens angelangt. Der Wendepunkt kam, als die Therapeutin mich fragte, welche Entscheidungen in meinem Leben mich in diese Situation gebracht hätten. Ich begriff, dass alles, was von nun an passieren würde, das Ergebnis meiner persönlichen Entscheidungen war. Es war ein erster kleiner Schritt für mich.

JAYE LEWIS

In der Tiefe des Winters erfuhr ich,
dass in mir unbesiegbarer Sommer war.
ALBERT CAMUS

16

Meine Genesung erhebt meinen Geist und meine Seele und gibt meinem Leben einen tieferen Sinn. Selbst mein zwanghaftes Verhalten, so töricht es auch gewesen ist, war ein Versuch, zu wachsen und inneren Frieden zu finden. Heute ist mir klar, dass ich den Frieden, den ich gesucht habe, nur dann wirklich finde, wenn ich meinen Willen mit dem Willen Gottes verbinde. Wenn ich versuche, mein Leben auf eigene Faust in Ordnung zu bringen, bleibt meine Perspektive begrenzt. Ich lade daher heute den göttlichen Willen ein, meine kleine Welt bis in den letzten Winkel zu durchdringen. Nichts ist für ihn zu gering und unbedeutend. Ich bin eins mit ihm; Getrenntheit ist eine Illusion, denn wenn ich das Göttliche in mein Leben einlade, ist es sofort präsent.

TIAN DAYTON

*Liebe ist Vertrauen,
und das eine Vertrauen stärkt das andere.*
HENRI-FRÉDÉRIC AMIEL

17

Wir haben kollektiven Zugang zu einem Wissen, das sich immer mehr über die ganze Welt ausbreitet. Für jedes Problem, jede Frage und jede Lebenssituation gibt es eine spirituelle Lösung, denn in Wirklichkeit sind wir nichts anderes als spirituelle Wesen mit einem spirituellen Ursprung. Dies ist die wichtigste Erkenntnis, die wir aus unserer Beschäftigung mit den »Zwölf Schritten« der Anonymen Alkoholiker gewonnen haben.

JEFFREY R. ANDERSON

*Nimm dir vor,
das auch zu tun,
was du tun solltest,
und tu es gleich.*

STONEWALL JACKSON

18

Man kommt nicht vom Alkohol los, indem man die Flasche nur zukorkt. Es heißt, dass unsere emotionale Entwicklung an dem Tag aufhört, an dem wir zu trinken anfangen, aber dass sie wieder an Boden gewinnt, wenn wir von der Flasche loskommen. Ich weiß, dass ich alkoholabhängig bin und ein Glas genügen würde, um wieder zum Trinker zu werden. Trocken zu bleiben ist für mich das Wichtigste im Leben. Ohne dieses ernsthafte Ziel und meinen Glauben an mich bin ich nichts.

REVEREND BOB LEW

Liebe die Wahrheit, doch verzeihe Irrtum.
VOLTAIRE

19

»Nimmst du die Hilfe an, die wir dir heute anbieten?« So lautete die Frage, die Ruth von jedem Familienmitglied in dem Beratungsgespräch gestellt wurde. Ruth wurde von ihrer Familie nicht nur geliebt, sondern regelrecht verehrt. Sie hatte ein großes Herz und schaffte es, dass die Menschen in ihrer Gegenwart alle Sorgen vergaßen. Für jeden war sie wie ein Sonnenstrahl. Sie hatte früher gelegentlich getrunken, aber nach dem Herzinfarkt ihres Mannes war es immer häufiger zu schlimmen Abstürzen gekommen. Ruth blickte jedem Familienmitglied in die Augen und sagte mit einem kleinen Lächeln und feuchten Augen: »Ja, ich werde heute eure Hilfe annehmen.«

DEBRA JAY

*Trotz aller Warnungen passiert nicht viel,
bis der Status quo schmerzhafter wird
als die Veränderung.*
LAURENCE J. PETER

20

Wenn man seinen emotionalen Schmerz mit Alkohol, Drogen, Essen oder Glücksspiel zu betäuben versucht, verlässt man sich schließlich auf diese Krücken statt auf die eigene innere Stärke. Wir lernen dann, sehr überzeugend zu lügen: »Ich muss nicht trinken, ich liebe einfach nur den Geschmack«, »In diesen Tabletten ist auch Koffein. Es ist wie Kaffeetrinken«, »Ich arbeite hart für mein Geld, und beim Glücksspiel kann ich mich entspannen.« Es fällt uns schließlich immer leichter, uns weiszumachen, dass wir unsere Probleme unter Kontrolle haben. Wenn jedoch ernsthafte Konsequenzen drohen und wir uns nicht länger etwas vormachen können, werden wir nur dann wieder gesund und bleiben gesund, wenn wir der Wahrheit ins Gesicht sehen.

KAY CONNER PLISZKA

*Vor allem geht es um dies:
sich selbst gegenüber wahrhaftig zu sein.*
WILLIAM SHAKESPEARE

21

Manchmal habe ich das Gefühl, ich würde nicht leben, sondern eine Gefängnisstrafe absitzen – ich schlage die Zeit tot, halte mich möglichst aus Schwierigkeiten heraus und fülle meine Tage mit nebensächlichen Beschäftigungen. An solchen Tagen habe ich vergessen, wie es ist, voller Neugier auf das Leben zu blicken. Warum sind wir hier? Wohin gehen wir? Was kann ich beitragen?
Heute werde ich neugierig sein und Fragen auf Zettel notieren, die ich dann immer bei mir trage: Was ist für mich das Wichtigste? Wie kann ich meine Dankbarkeit ausdrücken? Was kann ich für jemanden tun, den ich liebe – oder sogar für eine völlig fremde Person?
Ich möchte mehr, als nur meine Zeit abzusitzen, sondern ein wundervolles Leben führen.

THOM RUTLEDGE

*Wer wir sind und wer wir sein werden,
individuell und kollektiv,
wird letztlich nur von einer Sache bestimmt:
wie wir mit unserer Angst umgehen.*
THOM RUTLEDGE

22

Wenn man sich ständig Sorgen macht, geht man immer vom Negativen aus und fürchtet, dass das Schlimmste passiert. Sich Sorgen zu machen raubt Freude und Zeit und löst bei jedem nur Unruhe und Missbehagen aus.
Was ist das Gegenmittel zu Kummer und Sorgen? Achten Sie auf die schönen Dinge in Ihrem Leben. Bleiben Sie ganz in der Gegenwart. Hören Sie mit den negativen Selbstgesprächen auf. Lenken Sie Ihre Energie um – in positive Gedanken. Stellen Sie sich vor, wie Sie mit Gottes Hilfe frei von Sorgen sind: Sie sind erfolgreich, haben genug Geld und erreichen Ihre Ziele.
JOAN CLAYTON

Das Beste, was du für deine Zukunft tun kannst, besteht darin, heute glücklich zu sein.
JOAN CLAYTON

23

Im Allgemeinen wird Veränderung als etwas Positives betrachtet, aber sie kann auch negative Auswirkungen haben. Wenn Sie etwas verändern wollen, sollten Sie sich daher fragen: »Wovor will ich weglaufen?« Möchten Sie eine familiäre Situation, einen Arbeitsplatz oder einen schlechten Ruf hinter sich lassen, oder fliehen Sie vor Problemen, die unlösbar erscheinen? Veränderung kann eine Erleichterung bringen und einen Neuanfang bedeuten, aber dort glücklich und erfolgreich zu sein, wo Sie sind, ist vielleicht die größere Herausforderung und letzten Endes befriedigender.

ELAINE YOUNG McGUIRE

Veränderung ist kein Allheilmittel.
Es erfordert Charakterstärke, zu bleiben,
wo man ist, und dort glücklich zu sein.
ELIZABETH CLARKE DUNN

24

In der Vergangenheit habe ich meine Liebe oft nicht ausgedrückt, denn sie war von dichten Wolken überlagert, durch die kein Licht drang. Diese Wolken verhinderten, dass ich die Liebe in mir und in anderen Menschen erkannte. Innerhalb meiner Familie wurde die Liebe, die wir füreinander fühlten, oft durch gebrochene Versprechen, durch Angst, Wut und Verwirrung überschattet. Aber heute gibt es weder Verwirrung noch Wut, noch Angst. Ich trauere nicht länger dem nach, was unerfüllt blieb, sondern zeige meine Liebe und bringe meine Begabungen und Talente ein.

ROKELLE LERNER

*Nimm dir die Kraft, das zu lieben,
was du dir vom Leben wünschst,
und liebe es aus ganzem Herzen.*
SUSAN POLIS SCHUTZ

25

Man hatte Alicia auf mich hingewiesen in der Hoffnung, dass vielleicht ich ihr Geheimnis lüften könnte. Sie schrieb Gedichte mit Anspielungen auf Selbstmord und wirkte sehr ängstlich. Ihre Eltern behaupteten, dass alles in Ordnung sei, und verweigerten ihrer Tochter die professionelle Hilfe. Zum Glück stand die Tür zu meinem Büro an der Highschool immer offen. Im Laufe vieler Wochen vertraute Alicia mir schließlich nach und nach an, dass sie ihr Leben lang von ihrem Großvater und ihrem Vater sexuell missbraucht worden war. Diese Enthüllungen setzten bei Alicia einen schwierigen Prozess in Gang, aber da sie ihre leidvolle Situation nicht länger verschwieg, konnte sie der Wahrheit ins Gesicht blicken. Es ist niemals zu spät, um mit der Heilung anzufangen, und manchmal, wie im Fall von Alicia, wartet die Hilfe gleich am Ende des Flures.

KAY CONNER PLISZKA

Nicht alles, was man sich bewusst anschaut,
kann auch verändert werden,
aber nichts lässt sich verändern,
solange man es sich nicht bewusst anschaut.

JAMES BALDWIN

26

Abgesehen von den Dingen, bei denen ich glaube, ungeschoren davongekommen zu sein, habe ich die Erfahrung gemacht, dass es im Leben nichts umsonst gibt. Für meine Genesung verantwortlich zu sein bedeutet auch, die Verantwortung für mein Handeln und dessen Auswirkungen auf andere zu tragen. Als ich bei meinen Kindern wieder alles gutmachte, vergaben sie mir sofort, ohne Fragen zu stellen. Ich nahm ihre bedingungslose Vergebung dankbar an und weiß, dass ich denen bedingungslos vergeben muss, die mir in der Vergangenheit Unrecht getan haben.

SALA DAYO

Ich habe nicht versagt.
Ich habe nur 10 000 Wege herausgefunden,
wie es nicht funktioniert.

THOMAS EDISON

27

Wenn man mit einer verwirrenden Situation konfrontiert ist, sollte man diese drei Schritte befolgen: innehalten, hinschauen und hinhören. Wenn wir in Schwierigkeiten stecken und uns diese Schritte ins Gedächtnis rufen, befinden wir uns schon auf dem Weg zur Lösung des Problems.
Halten Sie inne, und atmen Sie tief durch. Schauen Sie sich um, und erfassen Sie die Situation. Hören Sie auf Ihre innere Stimme, oder wenden Sie sich an andere, und bitten Sie sie um Hilfe.

BRUCE SQUIERS

Achte darauf, in welche Richtung dich dein Herz zieht, und geh dann entschlossen diesen Weg.
CHASSIDISCHES SPRICHWORT

28

Ich heiße Debbie und bin Alkoholikerin. Ich hatte mich an die Anonymen Alkoholiker gewandt und war fest entschlossen, die »Zwölf Schritte« zu absolvieren, aber ich war überzeugte Atheistin. Eines Tages forderte mich meine Patin auf, alle Eigenschaften aufzulisten, die ich mir von meiner Höheren Kraft wünschte. Nachdem ich mir ein paar Tage lang überlegt hatte, was in meiner Liste stehen sollte, entschied ich mich für »unterstützend, mitfühlend, vergebend, verständnisvoll, geduldig, nicht kontrollierend«.
Als ich zum nächsten Treffen fuhr und meine Liste noch einmal im Geiste durchging, hörte ich plötzlich eine Stimme sagen: »Ich bin bereits an deiner Seite.« Ich hatte sofort das Gefühl, dass mir eine schwere Last von den Schultern genommen war. Mein Selbstwertgefühl war zurückgekehrt, und ich konnte wieder erhobenen Hauptes gehen. – Ich heiße Debbie und bin auf dem Weg der Genesung.

Debbie Heaton

Ich bin zwar noch kein Phoenix,
aber hier in der Asche liegend
kommen die Schmerzen vielleicht daher,
dass mir neue Flügel wachsen.
May Sarton

29

Nach der Arbeit holte ich mir im Schnellimbiss oft eine Riesenmahlzeit und verspeiste sie gleich im Auto, bevor ich nach Hause fuhr. Als ich einer Freundin etwas über mein zwanghaftes Verhalten vorjammerte, sagte sie einfach nur: »Tu etwas anderes, und du erreichst etwas anderes.« An diesem Abend nahm ich mir vor, mir etwas Gutes, Gesundes zu kochen. Ich kaufte im Lebensmittelladen die notwendigen Zutaten ein und machte mich ans Werk.

Ab und zu lande ich noch im Schnellimbiss, aber ich mache mir deswegen keine Vorwürfe. Ich weiß jetzt, wie schlecht ich mich fühle, wenn ich mich gedankenlos vollstopfe – im Vergleich zu der entspannten Ruhe, die ich empfinde, wenn ich für mich selbst koche. Das zwanghafte Verhaltensmuster ist durchbrochen.

LISA JO BARR

Warum sich nicht hinaus auf den Ast wagen?
Dort sind schließlich die Früchte.
WILL ROGERS

30

Wenn ich mir all das ins Gedächtnis rufe, was hinter mir liegt, kommen starke Emotionen in mir hoch. Ich erinnere mich an das Gefühl von großem Verlust und Schmerz, bis seine Worte mir Frieden brachten und eine Hand der Schönheit, Liebe und Gnade in die schreckliche Dunkelheit hinabreichte, um mich zu retten. Tränen, nicht länger aus Wut und Verzweiflung, sondern aus Dankbarkeit für das Leben, das ich wiedergefunden habe, rinnen mir über das Gesicht.
Ich bin trocken, und mein Leben wird nicht länger von Drogen und Alkohol, Wut und Schmerz bestimmt. Jeder Tag macht mich zuversichtlicher, und dies alles kann nur geschehen, weil die Worte, die er sprach, einen tiefen Widerhall in meiner Seele finden.

Godwin H. Barton

Wir sind nicht menschliche Wesen
mit spiritueller Erfahrung.
Wir sind spirituelle Wesen
mit menschlicher Erfahrung.
Pierre Teilhard de Chardin

31

Ich werde damit aufhören, andere dafür verantwortlich zu machen, dass ich in einer miesen Stimmung bin. Anderen die Schuld zu geben bringt nichts. Die andere Person fühlt sich dadurch angegriffen und hört nicht, was ich sage, und außerdem nehme ich dann nicht die Gefühle wahr, die meiner Schuldzuweisung zugrunde liegen.
Ich erkenne heute, dass die Ursache für Schuldzuweisungen darin liegt, dass ich mich entweder selbst verurteile oder Angst habe, beschuldigt zu werden. Ich werde diese Gefühle nicht mehr beiseiteschieben, sondern zuhören, was sie mir sagen wollen, bevor ich auf sie reagiere und andere beschuldige.

Tian Dayton

Ich verbinde mich heute mit meiner Höheren Kraft und lasse mich von ihr führen.
Tian Dayton

32

Als ich neu bei den Anonymen Alkoholikern war, sagten mir andere Gruppenmitglieder: »Lass es zu, dass wir dich lieben, bis du dich selbst lieben kannst.« Ich ließ es geschehen. Als mein Entzug Fortschritte machte, sagten sie: »Pass auf, dass du nicht zu hungrig, wütend, einsam und müde wirst.« Ich war einverstanden. Als sie mir den Rat gaben: »Es ist das erste Glas, das dich betrunken macht, also halte dich vom ersten Glas fern«, verstand ich, was sie meinten. Als sie vorschlugen: »Nimm dir nicht vor, für den Rest deines Lebens nicht mehr zu trinken, sondern nur für heute nicht«, wusste ich, dass sie Recht hatten. Als jemand zu mir sagte: »Brich den Entzug nicht ab, bevor ein Wunder geschieht«, glaubte ich es ihm. Und als ich hörte, »Der Alkohol verlieh dir zwar Flügel, aber er hat dir auch die Luft zum Fliegen genommen«, war ich frei. Was für weise Worte!

DORRI OLDS

Lebe nicht so, als ob du noch tausend Jahre vor dir hast, sondern so, als ob jeder Tag dein letzter ist.
MARK AUREL

33

Ich war erstaunt, als ich merkte, dass ich meinen Gefühlen hilflos ausgeliefert war. Als ich zu trinken aufgehört hatte und wieder Gefühle empfand, die jahrelang betäubt gewesen waren, dachte ich, es müsse einen Weg geben, diese Gefühle kontrollieren zu können. Meine Patin erklärte mir, dass ich weder über meine Gefühle noch über den Alkohol, noch über andere Menschen, Orte und Dinge Macht habe. Wenn ich glauben würde, ich hätte die Verantwortung für alles, würde mein Leben über mir zusammenbrechen. Nach vergeblichen Versuchen, meine Gefühle mit Hilfe von Essen oder Einkaufengehen zu vermeiden, wurde mir bewusst, wie wenig Einflussmöglichkeiten ich hatte. Mir blieb keine andere Wahl, als meine Machtlosigkeit zu akzeptieren. Dadurch war ich in der Lage, meine Gefühle zuzulassen, mich mit ihnen auseinanderzusetzen und ein erfülltes Leben zu führen.

Pamela Knigh

Das Leben ist eine große Leinwand,
und du solltest so viele Farben benutzen,
wie du nur kannst.

Danny Kaye

34

Heute bin ich im Einklang mit mir. Mich baut der Gedanke auf, dass ich nicht allein bin – und es niemals war. Ich freue mich darauf, dass die spirituelle Kraft auf ihre stille Weise meinen Tag regiert. Alles, was ich denke, fühle oder tue, kann noch heller und wahrhaftiger werden, wenn es vom Spirituellen durchdrungen wird. Ich ruhe in dem freudigen Gewahrsein, dass die spirituelle Kraft mich begleitet und immer da ist. Wenn ich sie nicht fühlen kann, erinnere ich mich daran, dass nicht sie mich verlassen hat, sondern ich mich nur von ihr entfernt habe.

TIAN DAYTON

Wenn du nicht an das glauben kannst,
an das du glauben sollst,
dann musst du in dir selbst etwas finden,
an das du glaubst.
Ein Leben ohne ein höheres Ziel ist zu eng gefasst.

ALEC BOURNE

35

Meine Mutter vermittelte ihre Lebenseinstellung gern in kurzen Merksätzen. Einer ihrer liebsten lautete: Was einem am wertvollsten ist, sollte man nicht für sich behalten oder gar verstecken, sondern ohne Hintergedanken weitergeben – ein Lächeln, einen Kuss und eine liebe Geste.

AMELIA ROSE BEDERKA,
AUFGESCHRIEBEN VON STEVE BEDERKA-TOTH

*Geh heute hinaus in die Welt,
und schenke den Menschen,
die du triffst, deine Liebe.
Entzünde durch deine Gegenwart
ein neues Licht in ihren Herzen.*

MUTTER TERESA

36

Der Weg der Genesung ist eine freudige Entdeckungsreise. Jeden Tag erkenne ich einen Teil von mir, der verloren oder meinem Blick entzogen war. Ich liebe die Transformation und freue mich auf die Zukunft und auf die Person, die ich sein werde. Ich stelle mich heute dankbar den Herausforderungen, die der Tag bringen mag, denn ich weiß, dass mir die innere Stärke gegeben wird, die ich brauche. Nicht jeder hat das Glück, eine zweite Chance zu bekommen und noch einmal neu anzufangen. In schwierigen Situationen verzweifle ich nicht, sondern sehe die Chance, die sich darin verbirgt.

THERESA MEEHAN

Sag mir etwas, und ich werde es vergessen;
zeig mir etwas,
und ich werde mich vielleicht daran erinnern;
lass mich an etwas teilhaben,
und ich werde es verstehen.

CHINESISCHES SPRICHWORT

37

Es war nicht leicht für mich, über den Tod meiner Mutter hinwegzukommen. Da sie schon alt war, kam ihr Tod nicht völlig unerwartet; dennoch traf es mich sehr. Als ich ihre Sachen durchging, entdeckte ich ein kleines Tagebuch, auf dessen Anfangsseite sie geschrieben hatte: »Ein schönes Buch für schöne Gedanken.« Offensichtlich war sie kurz darauf gestorben, denn die nachfolgenden Seiten waren leer.

Ich fing auf der nächsten Seite an, meine Erinnerungen an sie aufzuschreiben: lustige Dinge, die sie gesagt oder getan hatte, und Episoden aus ihrem Leben voller Liebe. Sie lebt in meinen Worten weiter, nicht nur für mich selbst, sondern für alle, die in Zukunft dieses Buch über sie lesen werden.

CAROL VAN DYKE BROWN

*Das geschriebene Wort ist vielleicht
unsere größte Erfindung.
Es erlaubt uns, uns mit den Toten,
den Abwesenden und
den Ungeborenen zu unterhalten.*

ABRAHAM LINCOLN

38

Ich hatte mich eigentlich noch nie so gut gefühlt, als mein Arzt mir während des jährlichen Check-ups die unglaubliche Nachricht eröffnete, ich würde an einer Leberkrankheit leiden, und zwar im Endstadium. Damals war binnen eines Augenblicks alles anders geworden. Später einmal hörte ich mich im Gespräch mit meiner Frau sagen: »Kannst du dich noch an die Übung erinnern, bei der man herausfinden soll, was man bedauern würde, wenn man nur noch vierundzwanzig Stunden zu leben hätte? Doch dazu fällt mir jetzt nichts ein. Alle Menschen, die ich liebe, wissen, dass ich sie liebe, und ich weiß, dass sie mich lieben und achten. Mit keinem von ihnen habe ich noch etwas Unerledigtes zu regeln. Ich kann dir gar nicht sagen, wie dankbar ich dafür bin.« Freudentränen begannen mir über die Wangen zu laufen. Wer hätte gedacht, dass mein Weg der Genesung einen solchen Gewinn bringen würde?

TED KLONTZ

Schade dir nicht selbst. Du bist alles, was du hast.
BETTY FORD

39

Ich arbeitete jeden Sommer für Anna und Pete auf einer Pferderanch, bis ich mit achtzehn von zu Hause wegging. Ich erinnere mich an die vielen Nachmittage draußen im Sattel, während Fleet Foot – das Pferd, das mir anvertraut war – seinen Job tat und das Vieh zusammentrieb. Ich erzählte Anna und Pete nie von den Schrecken, die ich in meiner Kindheit zu Hause erlebt hatte, aber ich vertraute Fleet Foot meine tiefsten Geheimnisse an. Solche Tage gab es nicht viele auf der Ranch, doch meine Arbeit dort ging weit über das Viehtreiben und die Reparatur von Zäunen hinaus. Die wichtigste Arbeit bestand darin, mein seelisches Gleichgewicht wiederzufinden und die Gewissheit zu stärken, dass wir es alle verdienen, mit Güte und Mitgefühl behandelt zu werden.

JANA MIDDELTON-MOZ

*Wie kann jemand, der ohne Güte ist,
ein menschliches Wesen genannt werden?*
SARADA DEVI

40

Durch Selbstausdruck gewinnen wir Einsicht und beginnen zu verstehen. In der Gemeinschaft mit anderen finden wir Hilfe und Unterstützung und beginnen zu heilen.
Indem wir die Vergangenheit loslassen, finden wir den Mut, uns der Zukunft zu stellen und zu vergeben.

ALEXANDRA P.

Mut ist der Preis, den uns das Leben dafür abverlangt,
dass es uns Frieden gewährt.
Wenn eine Seele dies nicht weiß,
verstrickt sie sich in Kleinigkeiten.

AMELIA EARHART PUTNAM

41

Als wir noch suchtkrank waren, hatten wir keine Probleme damit, unseren Süchten viel Zeit einzuräumen. Es war ein Vollzeitjob, dieses Fass ohne Boden füllen zu wollen.
Unsere neue Lebensweise ist frei von solch Hektik und Wahn. Wir können es langsamer angehen lassen und einfach nur sein.

CANDY KILLION

Es ist Zeit, die Zeit zu gestalten.
HENRY DUMAS

42

Pat tat sich am Anfang schwer mit dem Programm und hatte viele Rückfälle, bis er es schließlich »schnallte«, wie er sagt. Wenn er getrunken hatte, war er ein wüster Rabauke. Er schlug alles kreuz und klein und hinterließ überall nur Chaos. Wenn er nüchtern war, verbrachte er die meiste Zeit damit, den von ihm während seiner Sauftouren angerichteten Schaden zu begleichen.

Als er eines Abends wieder einmal einen Rückfall und Filmriss hatte, brauste ein Tornado durch die Ortschaft, in der er versackt war. Autos stürzten um, Häuser wurden abgedeckt, Bäume entwurzelt. Als er am Morgen aus dem Motel stolperte, in dem er übernachtet hatte, und die Trümmer sah, heulte er auf: »Heiliger Bimbam! Wie soll ich das alles bloß bezahlen?«

NACHERZÄHLT VON EARNIE LARSEN

Wir machten bei diesen Menschen alles wieder gut –
wo immer es möglich war –,
es sei denn, wir hätten dadurch sie oder andere verletzt.

DIE »ZWÖLF SCHRITTE« DER ANONYMEN
ALKOHOLIKER, SCHRITT 9

43

Es ist erstaunlich, wie sehr uns die Sucht in ihren Griff bekommen kann, und noch erstaunlicher ist es, dass wir uns aus ihren Fängen befreien können. Bei all dem Irrsinn in dieser Welt ist es nicht verwunderlich, dass wir so wenig Vertrauen haben und so viel Angst. Ich gehörte auch zu denen mit sehr wenig Vertrauen und vor allem sehr viel Angst. Während der Behandlung wurde mir dann klar, dass mein Tun und meine Person zwei verschiedene Dinge waren – und dass die Person, die ich war, nicht der Person entsprach, die ich sein wollte. Ich konnte mich neu entscheiden. Mein Entzugsprogramm hatte mir gezeigt, dass es nicht annähernd so wichtig war, zu wissen, was ich dort tat. Viel wichtiger war es, dass ich einfach mitmachte und zuließ, dass das Leben mich die Dinge lehrte.

LEE R. MCCORMICK

Zeig, dass du hier bist und wirklich lebst,
dass das große Konzert weitergeht
und du vielleicht eine Strophe beiträgst.

WALT WHITMAN

44

Ich wollte schon oft weglaufen, aber eine unsichtbare Hand hielt mich fest. Ich blieb, setzte mich mit der Sache auseinander, vor der ich fliehen wollte, und überwand die Schwierigkeiten. Mitten in diesem mühsamen Prozess entdeckte ich eine wunderbare Wahrheit: Ich kann nicht verlieren, wenn ich nicht aufgebe. Wenn ich die Sachen nicht hinschmeiße, werde ich auch nicht versagen. Ich habe vor, im Leben zu gewinnen. Ich bin bis hierher gekommen, und ich werde auch den ganzen Weg schaffen. Ich glaube an mich.

BARBARA A. CROCE

Wenn wir etwas beharrlich tun,
wird es immer einfacher –
nicht, weil die Aufgabe selbst sich verändert,
sondern weil wir sie immer besser ausführen können.
RALPH WALDO EMERSON

45

Schalten Sie einen Gang zurück, wenn Sie kaum noch zum Luftholen kommen. Atmen Sie bewusst ein und aus. Entspannen Sie sich, und schauen Sie nach innen.
Denken Sie an glücklichere Zeiten, an Menschen, die Sie lieben.
Denken Sie daran, wie wichtig Sie anderen sind.
Denken Sie an Ihre Träume.
Denken Sie an morgen, nächste Woche, nächstes Jahr.
Atmen Sie langsam ein. Atmen Sie langsam aus.
Schmecken Sie die Luft, die Sie auf wundersame Weise erfüllt.
Ein Atemzug nach dem anderen.

FELICE PRAGER

Stell dir vor, du bist ein Meisterwerk, das sich in jeder Sekunde, an jeden Tag immer mehr enthüllt; ein Kunstwerk, das mit jedem Atemzug mehr Gestalt annimmt.

THOMAS CRUM

46

Reden ist eine wunderbare Möglichkeit, Erfahrungen auszutauschen, Intimität herzustellen und eine Verbindung zwischen Menschen zu schaffen. Vielen fällt es nicht leicht, über ihre Gefühle zu sprechen, weil wir uns oftmals für das schämen, was wir durchgemacht haben. Wir haben Angst davor, anderen Menschen mitzuteilen, was wir empfinden oder was uns gerade beschäftigt. Wir erwarten, abgelehnt, verurteilt oder gedemütigt zu werden. Erzählen Sie heute jemandem Ihre Geschichte. Es erfordert Mut, aber wir sind alle Menschen, die akzeptiert und verstanden werden wollen. Sie müssen sich nur trauen und Ihre Angst loslassen.

LISA JO BARR

*Wenn du deine Dankbarkeit nicht ausdrückst,
hat niemand etwas davon.*
GLADYS BERTHE STERN

47

Mit dem Zufallen der Haustür hatte es auch mit den Misshandlungen ein Ende. Ich sah zu, wie mein Mann, einst mein bester Freund und der Vater meiner Kinder, aus unserem Leben ging. Tränen der Erleichterung und ein klein wenig des Bedauerns rannen mir über die Wangen. Das Geld war knapp, und es war nicht leicht, so für die Kinder zu sorgen, dass sie sich sicher und behütet fühlten. Aber all diese Herausforderungen verblassten im Vergleich zu dem inneren Frieden und der emotionalen Sicherheit, die ich fühlte, nachdem die Misshandlungen aufgehört hatten. Jedes Lächeln auf dem Gesicht meiner Kinder gab mir Selbstvertrauen und Stärke, und jede Umarmung sagte mir, dass es jedes Opfer wert war, um unserer kleiner gewordenen Familie eine neue Chance zu geben.

Cynthia Borris

Du wirst an dem Tag erwachsen, an dem du zum ersten Mal herzhaft lachst – über dich selbst.
Ethel Barrymore

48

Als bei meinem dreijährigen Sohn Autismus festgestellt wurde, fasste ich den Entschluss, keinen einzigen Tag mehr verstreichen zu lassen, ohne ihn in den Arm zu nehmen und ihm zu sagen, wie sehr ich ihn liebe. Es spielte keine Rolle, ob er meine Liebe erwiderte oder ob er mich weiterhin von sich wegstieß. Er würde diese Erde nicht verlassen, ohne zu wissen, wie sehr ich ihn liebe. Ich hielt mein Versprechen, und er hat sich gut entwickelt. Heute ist er ein glücklicher und liebenswürdiger kleiner Junge, und ich glaube fest an die große Kraft bedingungsloser Liebe.

LINDA C. BIRD

Aufrichtig geliebt zu werden gibt dir Stärke;
jemanden aufrichtig zu lieben gibt dir Mut.

LAOTSE

49

Gott, wie schwer fällt es mir, dich jetzt zu lieben. Weißt du, wie verletzt ich bin? Obwohl ich nicht verstehe, warum es gerade mich getroffen hat – als Alkoholikerin, als Mutter, die ihr Kind verlor –, muss ich dennoch nicht mehr die Antwort darauf wissen. Trotz der Prüfungen, die ich ertragen musste, liebe dich immer noch, Gott. Obwohl ich dir die Schuld geben und dich hassen wollte, liebe ich dich.«
Durch dieses Gebet wurden Glaube, Mut, Ehrlichkeit, Akzeptanz und Hingabe zur Grundlage meiner Genesung.

JULIE ORLANDO

Ich möchte wissen, was Gott denkt.
Alles andere ist nebensächlich.

ALBERT EINSTEIN

50

Glauben Sie an Ihren Körper, er wird Sie heilen. Ihre Beine werden Sie zu den verabredeten Treffen bringen, wenn Sie nicht hingehen wollen. Ihre Hände werden Tagebucheintragungen machen, wenn Sie denken, Sie hätten nichts zu sagen. Ihr Herz schlägt stärker als jemals zuvor, weil es nun in einem Körper wohnt, der frei von Drogen ist. Ihre Seele wird Sie durch den nächsten Tag tragen. Ihr Geist wird Sie an Ihre Vergangenheit erinnern, so dass Sie sie nicht wiederholen. Ihre Augen werden in eine Zukunft ohne Drogen schauen. Vertrauen Sie sich selbst, und hören Sie nicht auf, immer den nächsten Schritt zu tun.

CHRISTINE LEARMONTH

Sie haben dich angelogen und dir vorgeschrieben, was gut und böse ist. Sie haben dich dazu gebracht, deinem Körper nicht mehr zu vertrauen und dich dafür zu schämen, das Durcheinander vorhergesehen zu haben.

CHARLES DONALDSON

51

Paul war nun seit fünfzehn Jahren trocken, und ich benahm mich so, als hinge er noch immer an der Flasche. Warum konnte ich nicht sehen, wie sehr er sich verändert hatte, und all die kleinen Dinge dankbar zur Kenntnis nehmen, die er unternahm, um mir seine Liebe zu zeigen? Er bemühte sich so sehr, verlorene Jahre wieder gutzumachen, und ich vereitelte ständig seine Bemühungen. Eines Nachts konnte ich nicht schlafen, lag wach und dachte nach. Und als mir Tränen über das Gesicht rannen, erkannte ich, dass ich diesen Ärger und diese Wut nur loswerden konnte, wenn ich meinem Mann vergab. Und je mehr ich darüber nachdachte, desto leichter wurde mir ums Herz und desto freier fühlte ich mich. Mir wurde klar, dass ich nicht der Richter war. Ich konnte meinen Mann nicht immer weiter verurteilen, ich konnte ihn nur lieben und ihm vergeben.

SALLIE A. RODMAN

Dein Schmerz ist das Zerbrechen der Schale,
die dein Verstehen einschließt.
KAHLIL GIBRAN

52

Ein gesundes Urteil darüber, was richtig ist und wie Sie sich verhalten sollen, beruht auf dem Wertesystem, das Sie haben. Nur wenn Sie auf der Grundlage Ihrer Werte handeln, leben Sie auch Ihre Wahrheit – egal wie die Umstände sein mögen.

Die Fähigkeit, dauerhaft nach Ihren Werten zu leben, hängt davon ab, wie stark Ihre spirituelle Identität und Ihre innere Würde entwickelt sind. Wenn Sie sich als ein Kind Gottes betrachten, haben Sie das Recht, Ihre Göttlichkeit zu beanspruchen. Wenn Ihnen klar ist, dass Sie ein Schüler sind, der nicht nur von Gott, sondern auch von den Menschen in seiner Umgebung lernt, und dass Sie ein Beispiel sind und das verkörpern, was Sie andere lehren, dann werden Sie Ihre höchste Wahrheit verstehen und anfangen, sie zu leben.

BRAHMA KUMARIS WORLD SPIRITUAL UNIVERSITY

In der Tiefe des Herzens ist die Vergebung grenzenlos und kein Platz für Niedergeschlagenheit.

BRAHMA KUMARIS

53

Seit meiner Krebserkrankung vor zwölf Jahren habe ich mir meinen eigenen Weg der Genesung geschaffen. Jeden Tag achte ich bewusst auf das, was ich tue und denke, und vergesse nicht, dass ich mich permanent auf dem Weg der Genesung befinde. Ich rede mir nicht ein: »Auf dich kommt es nicht an«, denn ich glaube daran, dass es auf mich ankommt. Ich bedeute meiner Familie und meinen Freunden etwas; sie sind gern mit mir zusammen und ich mit ihnen. Ich bin die Bezugsperson für meine Haustiere, für die es nichts Wichtigeres auf der Welt gibt. Ich bedeute mir selbst etwas, denn das ist die Grundlage meiner Genesung.

HARRIET MAY SAVITZ

Ich sehne mich danach,
das Böse zu mindern,
aber ich kann es nicht.
Und auch ich leide.
Dies ist mein Leben;
ich finde es lebenswert.

BERTRAND RUSSELL

54

Bevor ich aufstehe, lausche ich in der Stille des Morgens auf die Stimme Gottes, und dies sind seine Worte: »Ich gebe dir Liebe, Frieden und Glück, damit du deinen Weg gehen kannst.
Ich passe jeden Tag auf dich auf. Fürchte dich nicht vor der Zukunft, denn der heutige Tag hat gerade angefangen. Halte stattdessen nach den Schätzen Ausschau, die von hoch oben kommen.«

THERESA MEEHAN

Ich begrüße diesen Tag mit Liebe in meinem Herzen.
Ich liebe die Sonne, denn sie wärmt meine Knochen.
Aber ich liebe auch den Regen,
denn er klärt meinen Geist.

OG MANDINO

55

Meine Großmutter hatte elf Kinder, wusch mit dem Waschbrett, kochte auf einem Holzofen und lebte in einer bescheidenen Wellblechhütte ohne Kanalisation und Elektrizität. Obwohl sie nach weltlichen Maßstäben arm war, besaß sie unermessliche Schätze. Ihr Reichtum bestand aus Hoffnung, Frieden und Freude. Bei meinen Nachforschungen entdeckte ich ihr Erfolgsrezept: »Denke immer nur an den nächsten Tag; sei mit dem zufrieden, was du hast, und mach einen anderen Menschen glücklich.« Diese drei Maximen verwandeln Verzweiflung in Hoffnung, Neid in Zufriedenheit und Kummer in Freude.

JOAN CLAYTON

*Ich möchte Schätze hinterlassen,
die man nicht für Geld bekommt.*
JOAN CLAYTON

56

Irgendwo auf Ihrem Weg zur Genesung stellt Ihnen Gott wenigstens einen Mutmacher zur Seite – jemanden, der Ihnen zuhört, der auf dem Weg schon weiter ist als Sie, der Ihnen Hoffnung schenkt.

Ist es Zeit für Sie, jemanden zu finden, der noch nicht so weit ist wie Sie, der Ihre Ermutigung braucht, Ihre Führung, ein Licht, um den Weg zu sehen? Wenn Sie einen anderen unterstützen, beschleunigen Sie seine Genesung – und Ihre eigene.

Joy Neal Kidney

Wenn wir unseren Weg gewählt haben,
ohne Arglist und mit lauterer Absicht,
sollten wir unser Vertrauen in Gott erneuern
und ohne Furcht voranschreiten.

Abraham Lincoln

57

Schließen Sie die Augen, und genießen Sie die Ruhe. Hören Sie die Vögel zwitschern, das Flugzeug über Ihrem Kopf in die Höhe steigen oder was gerade in der Nachbarschaft passiert. Hören Sie so lange zu, bis das Schlummerlied Ihren Geist beruhigt und ein Gefühl des Friedens Sie umgibt. Fühlen Sie die tiefe Ruhe, und öffnen Sie das verschlossene Fenster Ihres Herzens. Zuerst sind Sie unsicher und zögern, aber dann fängt Ihr Geist an zu arbeiten, und verborgene Verletzungen kommen zum Vorschein. Sie sind erneut mit dem Schrecken konfrontiert und entschlossen, nicht länger wegzuschauen. Irgendwie haben Sie den jahrelangen Missbrauch überlebt. Die Narben sind real und werden immer bleiben, aber heute erkennen Sie, dass Sie frei von ihnen sind. Sie sind noch unsicher, fühlen jedoch so etwas wie Hoffnung. Endlich verstehen Sie, dass es nicht Ihre Schuld war.

JOANNA BOOHER

Stress hinterlässt eine bleibende Narbe,
und der Organismus bezahlt sein Überleben damit,
dass er ein wenig altert.

HANS SELYE

58

Mitten in einem fürchterlichen Wintersturm lag Tom mit einem Blackout auf der Straße und war sich nicht bewusst, dass Drogen und Alkohol ihn immer mehr zerstörten. Eine merkwürdige Empfindung brachte ihn langsam wieder zu sich. Irgendetwas Nasses fuhr ihm mit raschen, kurzen, rauen Zügen über das Gesicht. Er riss die Augen auf und fand sich Nasenspitze an Nasenspitze mit einer jämmerlichen, doch riesengroßen Katze. Tom war am Tiefpunkt seines Lebens angelangt, aber die Sorge um seinen pelzigen Freund gab ihm den Willen, durchzuhalten. Jahre später streichelte er den alten Kater und sagte mit leiser Stimme: »Meinetwegen musst du nicht länger hier durchhalten, ich werde schon klarkommen«, und die goldenen Augen des Tieres schlossen sich für immer. Kameradschaft und Unterstützung sind keine Frage der physischen Gestalt.

JOHN CRUSEY

Egal wie dunkel die Dinge zu sein scheinen
oder wirklich sind,
erhebe deinen Blick, und sieh die Möglichkeiten –
denn sie sind immer da.

NORMAN VINCENT PEALE

59

Wahlmöglichkeiten zu haben ist eine wunderbare Sache. Wir können uns dafür entscheiden, entweder ein Vorbild an Kraft und Ausdauer, Mut und Liebe zu sein oder unseren Süchten nachzugeben, Niederlagen einzustecken und uns in grenzenlosem Selbstmitleid zu ergehen. Wir können uns dafür entscheiden, diejenigen zu unterstützen, die stark sind, und uns im Gegenzug an sie anlehnen, damit wir nicht länger nur auf uns selbst gestellt sind. Denken Sie darüber nach, wohin die Reise geht und Ihr Lebensweg Sie führt. Die schwierigsten Entscheidungen bringen oft den größten Lohn.

RAQUEL M. STRAND

Das Schicksal wird nicht vom Zufall gesteuert,
sondern durch Entscheidungen.
Es will nicht erlitten, sondern gestaltet werden.
WILLIAM JENNINGS BRYAN

60

Obwohl sie ein Teil von mir sind, werde ich mich nicht von meinen Erinnerungen an eine schmerzhafte Vergangenheit beherrschen lassen. Ich entscheide mich vielmehr dafür, dass sie mir auf meinem zukünftigen Weg Stärke geben. Ich habe mir dieses Schicksal ausgesucht und diese Lebensreise gewählt. Ich werde mit dem ersten Schritt anfangen und beharrlich einen Fuß vor den anderen setzen. Erst einen Schritt. Dann noch einen. Dann noch einen.

ALEXANDRA P.

*Lasst uns die Fehler der Vergangenheit und
die Herausforderungen der Gegenwart,
die sich uns in den Weg stellen, nehmen und aus
ihnen Stufen bauen, die uns dabei helfen,
in die Zukunft emporzusteigen.*
MATTIE J. T. STEPANEK

61

Der heutige Tag bringt eine Veränderung in mein Leben. Heute werde ich auf einen neuen Kurs gebracht, auf eine neue Art zu leben. Ab heute bin ich frei von den Lasten und Schmerzen, die mich schüchtern und klein gemacht haben. Heute bin ich wie das offene Meer. Ich kann mich nach allen Seiten ausdehnen und große Energie beweisen. Wenn ich in Einklang mit meinem natürlichen Lebensfluss bin, stehen mir grenzenlose Möglichkeiten offen. Ich ströme durch kühle, klare Wasser; Hoffnung erfrischt mich und baut mich auf. Die Wellen beruhigen meinen Geist und waschen den Kummer der Vergangenheit fort. Heute wiege ich mich in der Brandung und werde sanft in ein Leben getragen, das viel größer ist, als ich es jemals erträumt habe.

SHARY HAUER

Die meisten Menschen leben nur einen sehr begrenzten Teil ihres Potenzials. Uns allen steht ein Reservoir an Energie und Schöpfergeist zur Verfügung, das wir uns gar nicht vorstellen können.

WILLIAM JAMES

62

Als ich sie ins Bett brachte, zog meine dreijährige Tochter die Decke bis unter ihr Kinn hoch. »Mami, hat Gott Arme?«
»Nein, Gott hat keinen Körper wie wir«, antwortete ich.
»Aber wie umarmt er uns dann?«, wollte sie wissen.
Ich beugte mich zu ihr hinunter, umarmte sie und drückte sie fest. Dann erklärte ich ihr: »Immer wenn Gott Arme braucht, leiht er sich unsere.«

EMILY CHASE

Was hinter uns liegt und was vor uns liegt,
ist unbedeutend, wenn man es daran misst,
was in uns liegt.
RALPH WALDO EMERSON

63

Die meiste Zeit über findet in meinem Gehirn eine geschäftige »Diskussionsrunde« statt. Das war schon immer so, und daher habe ich akzeptiert, dass es auch künftig so sein wird. Dennoch, wenn es in meinem Kopf nur noch um die Frage des Genügens geht, weiß ich, dass es an der Zeit ist, mir diese Botschaften bewusstzumachen. Meine Krankheit besteht darin, »nicht genug« zu sein. Sie redet mir ein, nicht klug genug zu sein, nicht reich genug, nicht schön genug – die Liste ist endlos. Sobald mir klar ist, auf welcher Schiene meine Gedanken ablaufen, wechsle ich zu einer besseren und wahrhaftigeren Affirmation: Ich genüge allen Ansprüchen. Ich bin intelligent genug, ich bin schlank genug. Ich bin einfach gut genug, so wie ich bin.

Anne Conner

Wenn du mit deinen Begrenzungen argumentierst,
kannst du sicher sein,
dass du von ihnen begrenzt bleibst.
Richard Bach

64

Mit einunddreißig war ich Doktor der Psychologie und hatte seit vierzehn Jahren mit Unterbrechungen stark getrunken. Mein Kopf war so voll von Theorien und Konzepten, dass ich mich in eine Sackgasse nach der anderen hineindachte. Schließlich war ich nicht länger in der Lage, mit allem fertig zu werden.
Ich zitterte vor Angst, als ich einen Freund anrief, der ein genesender Alkoholiker war. »Charlie, ich glaube, ich bin Alkoholiker. Würdest du mich zu einem der Treffen mitnehmen?« Ich fühlte ein tröstliches, akzeptierendes Lächeln am anderen Ende der Leitung. Durch die Nebelwand meines Entsetzens und meiner Scham hörte ich ihn mit geradezu grenzenloser Herzenswärme sagen: »Ich habe eineinhalb Jahre auf dich gewartet. Natürlich nehme ich dich liebend gern mit. Es ist mir eine Ehre.«
JOHN C. FRIEL

Lebe so, als ob du morgen sterben müsstest.
Lerne, als ob du ewig leben würdest.
MAHATMA GANDHI

65

Wenn Sie merken, dass Sie in der Falle sitzen, dann gibt es nur einen Ausweg. Und das ist das Vertrauen in eine höhere Macht. Sie müssen sich nicht abstrampeln und verausgaben, bis Sie dem Tod nahe sind. Schauen Sie sich um. Vielleicht enthüllt sich Gott auch Ihnen, so wie er sich mir enthüllt hat, als ich bereit war, mich von liebevollen Händen tragen zu lassen.

DAVID MEAD

*Nur jener Tag dämmert herauf,
zu dem wir auch erwachen wollen.*
HENRY DAVID THOREAU

66

Der Erfolg stellt sich oft erst dann ein, wenn Sie das Letzte gegeben haben und der Schweiß Ihnen das Gesicht herunterrinnt. Manchmal sind Sie dann erfolgreich, wenn Sie fest entschlossen mit beiden Beinen auf dem Boden stehen und den Herausforderungen die Stirn bieten. Es gibt aber auch Zeiten, in denen der Erfolg nicht davon abhängt, wie sehr Sie sich ins Zeug legen, sondern dass Sie Zurückhaltung üben. Doch feiern Sie Ihre Siege, in welcher Form sie Ihnen auch zufallen mögen.

AVA PENNINGTON

So wie der Körper nicht ohne Blut existieren kann, so braucht die Seele die unvergleichliche und reine Kraft des Vertrauens.

MAHATMA GANDHI

67

Ich halte meine Erfahrungen und meine persönliche Wahrheit in Ehren. Ich weiß, dass niemand aus meiner Vergangenheit die Dinge so sehen muss wie ich, damit es mir besser geht und ich mich entwickeln kann. Familienmitglieder davon zu überzeugen, was ich auf meiner Reise gelernt habe, kann ein fruchtloses Unterfangen sein und meinen weiteren Fortschritt behindern. Jeder von uns hat seine eigene Wahrheit und eine andere Vorstellung davon, was er mit seinem Leben anfangen will. Jedes Mitglied meiner Familie hat die Kindheit auf seine eigene Weise erlebt und das Recht auf eine eigene Wahrnehmung. Ich muss andere nicht davon überzeugen, die Dinge genauso zu sehen wie ich, um mich wohlzufühlen. Ich habe meine Wahrheit, und sie haben ihre Wahrheit.

Tian Dayton

*Wenn du der Wahrheit etwas hinzufügst,
nimmst du ihr etwas.*
Aus dem Talmud

68

Misserfolg – gut, dass es ihn gibt. Misserfolg ist aufregend, weil er bedeutet, dass ich nicht länger das mache, was ich immer schon getan habe. Misserfolg zeigt an, dass ich bereit bin, neue Dinge auszuprobieren. Mein Geist bleibt jung und aktiv, weil mein Fokus nicht auf dem Misserfolg liegt, sondern darauf, dass ich einen Schritt näher an mein Ziel herangekommen bin. Wir erreichen unsere Ziele dadurch, dass wir einen Misserfolg nach dem anderen überwinden.

GLENDA SCHOONMAKER

Wenn du nur das tust,
was du schon immer getan hast,
wirst du auch nur das bekommen,
was du schon immer bekommen hast.

UNBEKANNT

69

Statt von anderen etwas zu erwarten, achte ich inzwischen darauf, dass es mir aus eigener Kraft gutgeht. Während ich immer mehr Wege finde, meine Lebensqualität zu verbessern, bin ich für andere ein Beispiel, ebenfalls auf ihr eigenes Wohlbefinden zu achten. Wenn ich mich selbst kritisiere, neige ich dazu, andere zu verurteilen. Wenn mein Leben voller Widersprüche, Verbitterung und Unsicherheit ist, kann ich nicht zum Wachstum derer beitragen, die bei mir Hilfe suchen. Mir muss klar sein, dass ich bei anderen immer nur ein Katalysator für Veränderungen sein kann. Letztlich muss jeder selbst entscheiden, ob er auf seine Weise wachsen will oder nicht.

ROKELLE LERNER

Entdeckungen werden gemacht, indem man sieht, was alle gesehen haben, und sich dabei denkt, was noch nie einer gedacht hat.

ALBERT VON SZENT-GYÖRGYI

70

Ich liebte meine Arbeit als Gebärdendolmetscherin, bis eine Gehirnverletzung es schwierig für mich machte, selbst einfache Tätigkeiten wieder zu erlernen.
An einem Sonntag war der Stuhl leer, auf dem sonst der Dolmetscher beim Gottesdienst saß. Als ich die Enttäuschung der anwesenden Gehörlosen sah, fing mein Herz an, an meinen verletzten Kopf zu appellieren. Mir war klar, dass ich es wenigstens versuchen musste. Ich nahm Platz, sah die große versammelte Gemeinde und bekam Panik. Aber als ich in die Augen der gehörlosen Gemeindemitglieder sah, fingen meine Hände von selbst an, sich zu bewegen. Vermittelt durch die Sprache meiner Hände, gelangten die Worte auf wunderbare Weise durch erwartungsvolle Augen hindurch in die Herzen und Köpfe meiner gehörlosen Freunde. Indem ich anderen Menschen diente, fand ich wieder zu mir selbst.

JENNA CASSELL

Anderen zu dienen ist die höchste Auszeichnung.
KÖNIG GEORGE VI.

71

Der Schmerz menschlicher Erfahrungen ist ein universales Phänomen. Eine sichere Umgebung und eine Sprache, in der sie über ihre Erfahrungen sprechen können, ermöglicht es den Menschen, ihrer Wahrheit Ausdruck zu geben und sich in ihrer Realität zurechtzufinden. Und schließlich können sie dahin gelangen, dass sie ihre Vergangenheit hinter sich lassen, sich von schmerzhaften Familienmustern verabschieden und die Verantwortung für ihre eigenen Entscheidungen übernehmen. Niemand verdient es, ein Dasein der Angst, des Schmerzes und der Scham zu führen.

CLAUDIA BLACK

Es ist leichter, starke Kinder zu produzieren,
als gebrochene Erwachsene zu reparieren.
FREDERICK DOUGLAS

72

Heute lasse ich alle Sorgen los.
Heute lasse ich alle Wut los.
Heute verdiene ich mit Anstand meinen Lebensunterhalt.
Heute werde ich allen Lebewesen gegenüber freundlich sein.
Heute bedanke ich mich für all den Segen, der mir zuteil wurde.

REIKI-PRINZIP

*Dankbarkeit gibt unserer Vergangenheit einen Sinn,
schafft Frieden in der Gegenwart
und erzeugt eine positive Vision der Zukunft.*
MELODY BEATTIE

73

Wirklich wertvoll in unserem Leben sind die Menschen, die uns irgendwann einmal bedingungslos geliebt haben. Diese spirituellen Instanzen wechseln von Zeit zu Zeit, aber ihnen ist gemeinsam, dass sie uns so akzeptieren, wie wir sind. Wir können diese Liebe heute in uns tragen und begreifen, dass wir einzigartig und wertvoll sind. Wir sind ein Teil des Reichtums des Universums, denn ohne uns gäbe es die Schönheit des menschlichen Geistes nicht; sie verhilft uns zu wahrem Glück. Und die Liebe ist ein Vermögen, das seinen Wert nie verliert.

YVONNE KAYE

Wenn deine Reichtümer Schmuck und Edelsteine sind, warum nimmst du sie dann nicht mit in die andere Welt?

BENJAMIN FRANKLIN

74

Es ist wichtig, dass wir lachen, singen, tanzen und lieben. Bleiben Sie kein unbeteiligter Beobachter, der sich nur fragt: »Was wäre, wenn?« Bringen Sie sich ein, und geben Sie dem Leben alles, was Sie zu geben haben. Öffnen Sie anderen Menschen Türen, so wie sich die Türen für Sie geöffnet haben. Stellen Sie sich voller Hoffnung den Herausforderungen. Begegnen Sie Hindernissen mit einem Lächeln. Sie wissen nie, wer gerade zuschaut, also seien Sie ein gutes Beispiel und ein guter Mentor. Genießen Sie den Augenblick, und wenden Sie sich an Gott, um Antworten zu erhalten.

Diane Thompson

*Gott hat Geduld mit unvollkommenen Wesen,
selbst wenn sie sich seiner Güte widersetzen.*
François de Fenelon

75

Es gehört zu den schwierigsten Dingen, die Sie tun können, und dennoch ist es ganz einfach, leicht und mühelos. Es gehört zu den machtvollsten Dingen, die Sie tun können, und dennoch geben Sie Ihr Machtstreben auf, wenn Sie es tun. Worum geht es? Es geht darum, das Ego loszulassen. Wenn Sie es schaffen, Ihr Ego zu überwinden, befinden Sie sich auf einer vollständig neuen Ebene des Bewusstseins, der Erfahrung und des Einflusses. Wenn Sie denken, fühlen und handeln können, ohne den Begrenzungen Ihres Ego unterworfen zu sein, sind die Möglichkeiten wahrhaft grenzenlos. Ihre Sorge, Ihre Angst, Ihr Zweifel, Ihre Enttäuschung und Ihr Zögern werden von Ihrem Ego gestützt. Stellen Sie sich vor, über welche Kraft Sie verfügen, wenn Sie all diese Begrenzungen hinter sich lassen.
BRAHMA KUMARIS WORLD SPIRITUAL UNIVERSITY

Flexibilität besteht darin, aus Problemen zu lernen.
BRAHMA KUMARIS

76

Meine Vergangenheit ist vergangen. Meine Gegenwart ist jetzt. Meine Zukunft wartet, und ich fange heute an, sie zu planen. Ich werde dabei liebevoll mit mir umgehen, jeden Tag positiv eingestellt sein und es nicht zulassen, dass Selbstmitleid mich kontrolliert. Nur wer dem Leben am besten angepasst ist, wird fortbestehen, und daher schaue ich nicht länger darauf, was andere für mich tun, sondern was ich mit meiner Krankheit tun kann, um anderen zu helfen.

STACEY CHILLEMI

Fass den Entschluss, dass es getan werden kann und getan werden soll, und dann finden wir den richtigen Weg, es zu tun.

ABRAHAM LINCOLN

77

Es ist nicht leicht, das vage Gefühl der Unzufriedenheit und Ungeduld auszumachen, das uns aus der Fassung bringen kann. Oft sind wir in der Lage, mit den offensichtlichen Problemen auf dem Weg unserer Genesung fertig zu werden, aber wir tun uns schwer mit den subtilen Fallstricken. Wenn wir sie nicht erkennen, kann es sein, dass wir uns für die falschen Dinge entscheiden, um die Leere in uns zu füllen, die durch unsere Langeweile entsteht. So ist es manchmal einfach besser, spazieren zu gehen, statt Kekse zu naschen. Die richtigen Entscheidungen sind ein wichtiger Teil der Genesung.

JOYCE MCDONALD HOSKINS

Erwartungen berauben uns der Segnungen Gottes.
CONSTANCE K. HARDY

78

Du bist genug, du hast genug. Alles, was du brauchst, ist in dir. In Bezug auf andere Menschen glaubte ich das vielleicht, aber nicht in Bezug auf mich selbst. Ich hatte immer das Gefühl, dass mir etwas fehlte und ich allem nicht gerecht würde: Sollte ich mir eine andere Arbeit suchen? Sollte ich noch einmal zur Schule gehen? Umziehen? Die Vergangenheit hinter mir lassen? Das »Nicht-genug«-Gefühl war immer gegenwärtig.
Plötzlich verstand ich, dass »nicht genug« etwas mit Liebe zu tun hat. Was mir »fehlte«, war Liebe. Selbstliebe. Während ich mich an diese Vorstellung gewöhne, erkenne ich, dass ich genug habe und genug bin. Welches größere Geschenk kann man sich selbst machen?

DEB SELLARS KARPEK

Repariere das, was kaputt ist. Aber lass die Sorgen. Durch Sorgen ist noch nie etwas heil worden.

MRS. ERNEST HEMINGWAY

79

Als Teenager suchte ich nach einem besseren Leben, indem ich trank und Drogen nahm. Ich glaubte, jeder würde das tun, wenn er meine Probleme hätte. Inzwischen weiß ich, dass die meisten meiner Probleme erst durch Alkohol und Drogen entstanden. Wenn ich heute an eine Wegkreuzung komme, treffe ich eine nüchterne Entscheidung und genieße ihre Früchte.

Ich erinnere mich noch daran, wie ich viele Nächte auf einem Barhocker saß und mich in die Vorstellung hineinsteigerte, eine Künstlerin zu sein. Inzwischen bin ich eine genesende Alkoholikerin und weiß, mich dem Leben zu stellen und hart zu arbeiten. Ich bin erfolgreich. Ich habe meine eigene Firma. Ich setze mir Ziele. Ich erreiche sie; ich bin nicht nur am Reden. Das ist der Stoff, aus dem ein gesundes Selbstwertgefühl gemacht ist.

DORRI OLDS

*Nichts beruhigt unser Selbstwertgefühl mehr,
als wenn wir unsere schlechten Eigenschaften auch in
unseren Vorfahren finden.
Es scheint uns die Absolution zu erteilen.*

VAN WYCK BROOKS

80

Ich hatte viele Jahre lang erfolglos versucht, meine Figur und mein Gewicht zu verändern. Hierin lag meine ganze Hoffnung und Motivation. Der vollkommen neue Gedanke bestand dann darin, meinen Körper bedingungslos, so wie er in seiner Form angelegt war, zu lieben und zu akzeptieren. Diese neu gefundene Akzeptanz meines Körpers war der revolutionäre Akt, der mich auf einen anderen Weg brachte und zu einer Befreiung von Obsession und schädlichen Verhaltensweisen führte. Ich habe mir gelobt, mir nie wieder durch Diät oder Körpertraining Schaden zuzufügen und mit Hilfe von beidem zu versuchen, meine Figur zu verändern. Ich weiß inzwischen ohne den geringsten Schatten eines Zweifels, dass mit mir alles in Ordnung ist. Es muss nichts verändert werden.

RACHEL CAPLIN

Der Geist macht den Körper.
SOJOURNER TRUTH

81

Während meines Genesungsprozesses kommt es manchmal vor, dass ich träge und lustlos bin. Heiterkeit und die Freude auf das Neue sind dann verschwunden. Als ein ehemaliger »Adrenalinjunkie« versuche ich, ein Leben zu führen, das konstanter und gleichmäßiger ist. Beständigkeit kann wirklich ein angenehmer Zustand sein, wenn es einem nicht mehr darauf ankommt, immer etwas zu »tun«, sondern stattdessen einfach nur zu »sein«. Wenn es Zeit ist, werden auch neue und aufregende Erfahrungen meinen Weg kreuzen. Während ich ruhig abwarte, kann ich meine Höhere Kraft um Inspiration und Führung für das nächste Kapitel meines Lebens bitten.

Anne Conner

Das Leben ist ein Glas, das uns gegeben wurde,
um es zu füllen.
Ein geschäftiges Leben macht es randvoll;
ein hastiges Leben schüttet mehr in das Glas hinein,
als es aufnehmen kann.
William Adams Brown

82

Unsere Tochter ist eine Leichtathletin, die den Marathon in Chicago und New York gelaufen ist. Vor einer achtstündigen Operation wegen eines bösartigen Melanoms verglich sie die Situation mit ihrer Exkursion durch die schottischen Moore: »Als ich in strömendem Regen durch das baum- und strauchlose Land gewandert bin, habe ich immer nach den Wasserlachen vor mir auf dem Weg Ausschau gehalten. Sie wirkten so groß, dass ich nicht glaubte, sie überqueren zu können – aber ich schaffte es. Jedes Mal wenn ich vor einer dieser großen Pfützen stand, entdeckte ich kleine Steine, die einen Weg für mich bildeten. Immer wenn ich nun vor einer Prüfung stehe, weiß ich, dass Gott mir helfen und Trittsteine hinlegen wird.«

ELAINE INGALLS HOGG

Mut ist die wichtigste menschliche Eigenschaft,
die alle anderen erst möglich macht.
WINSTON CHURCHILL

83

Ich glaube, dass wir Menschen sehr viel nachahmen. Wir kopieren Kleidung, Haarfrisuren, Angewohnheiten und Lebensstile. Unser Geist wird durch das beeinflusst, was wir hören und lesen. Und was wir denken ist sehr wichtig, um abstinent zu bleiben.

Heute möchte ich meine Einstellung und meine Denkweise untersuchen und mit Hilfe von einem Paten oder einer Unterstützergruppe überprüfen. Ich weiß, dass meine Würde beim Trockenbleiben nicht nur davon abhängt, was ich tue, sondern auch davon, was ich denke und wovon ich überzeugt bin. Wenn ich meine Gedanken nicht mehr kontrollieren kann, weiß ich, dass ich in einer gefährlichen Situation bin und mit jemandem reden muss. Gott schuf mich mit der Fähigkeit zu denken, und daher muss ich aufpassen, welche Informationen ich in meinen Kopf lasse.

REVEREND LEO BOOTH

*Gedankenkraft macht
die Würde des Menschen aus.
Sei daher immer bestrebt,
gut zu denken,
denn das ist die einzige Moral.*

BLAISE PASCAL

84

»Haben Sie zufällig heute Morgen auf dem Weg zur Arbeit den wunderschönen Sonnenaufgang gesehen?«, fragte Steven. Ich schüttelte verneinend den Kopf. »Aber ich habe ihn von meiner Zelle aus beobachtet, und mir wurde bewusst, wie dankbar ich dafür bin, dass ich den Sonnenaufgang durch die Gitterstäbe meines Fensters sehen kann. Es ist ein ganz besonders schöner Morgen. Und ich habe eben gefrühstückt. Heute war der Haferbrei nicht so kalt wie sonst oft, und so ist es ein guter Tag.«

Diese Worte und der aufrichtige Ton in seiner Stimme ließen mich aufhorchen. Gestern erst hatte er die niederschmetternde Nachricht erhalten, dass er weitere fünf Jahre im Gefängnis verbringen müsse. Ich habe nie vergessen, was ich von ihm an jenem schönen Morgen lernte. Und wenn ich heute einmal wieder in Selbstmitleid zu versinken drohe, erinnere ich mich daran, dass auch ich die Wahl habe, auf was in meinem Leben ich mich konzentrieren möchte.

LISA KUGLER

Die Menschen haben so ihre Art, das zu werden,
wozu man sie ermutigt – und nicht das,
wozu man sie durch Nörgelei bringen will.
SCUDDER N. PARKER

85

Genesung ist eine Reise, die von der Gebrochenheit zur Ganzheit führt und in deren Verlauf wir uns oft von den Menschen in unserer unmittelbaren Umgebung abkapseln. Wir erkennen dabei nicht rechtzeitig, dass wir uns selbst Schaden zuführen, wenn wir uns absichtlich zurückziehen. Es ist keine Schande, die Hilfe anderer Menschen zu brauchen. Ohne zwischenmenschliche Beziehungen würde jedem von uns etwas fehlen, und wenn wir uns für die Abtrennung von anderen Menschen entscheiden, wird es uns immer an etwas Wesentlichem mangeln. Gleichzeitig sollten wir uns bewusst sein, dass wir in jeder Beziehung dem anderen auch etwas Wertvolles geben, das er braucht, um vollständig zu sein. In der Gemeinschaft mit anderen Menschen unterstützen wir uns gegenseitig auf unserer Reise.

LYNNE LEPLEY

Für mich ist das Selbst die Verinnerlichung der Gemeinschaft.

JAMES HILLMAN

86

Es ist nicht einfach, durch Schicksalsschläge zu gehen, ohne negative Eigenschaften wie Bitterkeit, Wut und Selbstmitleid anzunehmen. Ich hoffe, jeder von uns versteht, dass wir alle tief in unserer Seele vollkommen sind. Es ist diese Vollkommenheit, die weiterlebt. Wenn wir uns mit ihr verbinden können, ist sie ein unglaubliches Geschenk – nicht nur für uns selbst, sondern auch für die Menschen, die wir lieben.
Aber so wie das hässliche Entlein sein wahres Wesen nicht erkennt, bis es sein eigenes Spiegelbild sieht, können wir diese Wahrheit nur erkennen, wenn wir bereit sind, nach ihr zu suchen. Und diese Suche erfordert Mut.

JOYCE HARVEY

Als ich Gott bat, mich glücklich zu machen,
sagte er: »Nein, ich gebe dir meinen Segen.
Für dein Glück bist du selbst zuständig.«

UNBEKANNT

87

Heute begrüße ich die Welt. Ich bin bereit, mich auf das Leben, so wie es ist, einzulassen, und weiß, was ich verwirklichen und erreichen will. Die ganze Kraft liegt im gegenwärtigen Augenblick. Die Schönheit und das Potenzial dieser Welt sind mein wahrer Reichtum. Dieses Jahr lerne ich etwas über das Leben, die Liebe und die Einfachheit. Ich möchte, dass das, was ich meinen Kindern gebe, bis in ihr Herz dringt, wo es ihnen niemand nehmen kann. Ich möchte, dass ich sie und sie mich kennen und verstehen.

TIAN DAYTON

Das Leben muss gelebt werden und die Neugierde immer wach bleiben.
Kehre niemals, aus welchem Grund auch immer, dem Leben den Rücken.

ELEANOR ROOSEVELT

88

Jede nur vorstellbare Form von Verlust, Enttäuschung oder Versuchung ist schon unzählige Male erlebt worden und wird sich so lange wiederholen, wie Menschen diese Erde bevölkern. Schmerz ist keine neue Erfindung, aber jedes gebrochene Herz, das einen Sinn im unvorhersehbaren Verlauf des Lebens sucht, erlebt ihn aufs Neue. Obwohl wir selbst schmerzhafte Erfahrungen erleben, verstehen wir nicht wirklich die Tiefe der Verzweiflung, die eine einzelne Seele durchmacht. Wir können jedoch aufgrund unserer eigenen Erfahrung Mitgefühl für sie entwickeln, sie in unsere Gebete einschließen und ein Beispiel für die unbegrenzte Liebe Gottes sein.

VALERIE FROST

Die besten Eigenschaften unserer Natur können nur bewahrt werden, wenn wir einfühlsam mit ihnen umgehen.
HENRY DAVID THOREAU

89

Die Tage kommen und gehen, und die Schönheit des Lebens ist verloren, wenn ich den gegenwärtigen Moment nicht bewusst wahrnehme. Um das Leben voll genießen zu können, erinnere ich mich daran, was mir als kleines Kind Spaß gemacht hat. Der Duft von Orangen beim Schälen. Ein Karamelbonbon im Mund herumschieben. Der Nervenkitzel, wenn ich mit dem Schlitten den Abhang hinuntersause. In der Badewanne mit dem Schaum spielen.
Die Neugier und die Kreativität, die ich als Kind gehabt habe, sind immer noch in mir. Ich brauche mich nur daran zu erinnern, dass ich mich jederzeit wieder mit diesen Eigenschaften verbinden kann. Ich kann tanzen, schreiben, spielen oder zuhören und dadurch meine Sinne für die wunderbaren Fähigkeiten wecken, die ich besitze.

ROKELLE LERNER

*Die einen hoffen auf ihr Glück,
die anderen erschaffen es sich.*

UNBEKANNT

90

Der Frühling hat gerade erst begonnen; es ist noch feucht und kalt. Obwohl der Garten frei von Schnee ist, sieht man noch überall die Spuren des Winters. Ich bücke mich und entferne hier und da ein paar Laubblätter und lege ein paar immergrüne Zweige frei, die von den Weihnachtsfeiertagen übrig geblieben sind. Mit Freude sehe ich kleine Knospen und junge Triebe. Jeder Frühling erinnert mich daran, dass neue Schösslinge kommen und schon bald leuchtende Blüten hervorbringen werden. Ich denke daran, dass auch ich ständig wachse, besonders dann, wenn ich das wegräume, was ich nicht länger im Leben brauche.

Anne Conner

Kritik sollte ein sanfter Regen sein,
der dem Wachstum eines Menschen dient,
ohne seinen Wurzeln zu schaden.
Frank A. Clark

91

Ich habe gerade mein erstes Jahrzehnt der Abstinenz hinter mich gebracht. Als ich das erste Mal bei den Anonymen Alkoholikern war, weinte ich. Ich brachte kein Wort heraus und ging nach Hause und trank meine Wodkaflasche leer. Aber am nächsten Tag ging ich wieder zu dem Treffen.
Wie waren diese ersten zehn Jahre? Ich war ganz und gar mit dem Leben beschäftigt: Ich verliebte mich, heiratete, gab meine Arbeit auf, zog in einen anderen Bundesstaat, kaufte ein Haus und bekam zwei Kinder. Wie ich das alles ohne den Wodka geschafft habe, weiß ich nicht. Aber mit Alkohol hätte ich das Ganze überhaupt nicht schaffen können. Zehn Jahre sind eine lange Zeit, aber dann auch wieder nicht. Wenn ich mir anschaue, wo ich damals war und wo ich heute bin, dann ist das verwirrend, aber auch klar. Es sind zehn Jahre, die ich vielleicht nicht mehr erlebt hätte, wenn ich weiterhin in diese Dunkelheit hineingeglitten wäre.

JULIA JERGENSEN EDELMAN

Wenn du dich im Tal der Schatten befindest,
solltest du daran denken, dass jeder Schatten
durch ein Licht geworfen wird.

H. K. BARCLAY

92

Von Anfang an stoßen Sie auf Hindernisse auf Ihrem Weg und haben permanent das Gefühl, das alles nicht zu schaffen. Sie beklagen Ihre Schwäche, nicht weiter zu verfolgen, was Sie angefangen haben.
Beobachten Sie Ihr Denken, und hören Sie auf, sich unter Druck zu setzen und die Schuld zu geben. Schuldgefühle können Sie so überwältigen, dass Ihr Wille nichts mehr auszurichten vermag. Schreiben Sie die Auslöser für die Schuldgefühle auf, und ersetzen Sie diese negativen Gedanken durch positive. Machen Sie dem inneren Kampf ein Ende, indem Sie sich auf Ihre innere Stärke und Entschlossenheit besinnen.

SUZANNE BAGINSKIE

Jemand kann nur dann andere Menschen inspirieren, wenn er selbst voller Vertrauen und Hoffnung auf Erfolg ist.
FLOYD V. FILSON

93

Gelassenheit ist ein Ausdruck meiner spirituellen Natur. Sie stellt sich nicht durch harte Arbeit oder Entschlossenheit ein. Vielmehr muss ich lernen, meine Wut, meinen Ärger, meine Forderungen und mein Bedürfnis, immer Recht zu haben und perfekt zu sein, loszulassen. Dann – und nur dann – werde ich im Frieden mit mir und meiner Umwelt sein.

JEFF FARLAND

Nur du selbst kannst dir den Frieden bringen.
RALPH WALDO EMERSON

94

Das richtige Timing ist alles. Wann ist es Zeit für mich, eine Entscheidung über meine Genesung zu treffen? Wann tue ich endlich etwas in Bezug auf meine familiäre Situation, mein Leiden oder meine destruktiven Beziehungen? Wenn ich die Hilfe noch weiter hinauszögere, werden meine Probleme nur vor mir hergeschoben. Ich warte schon lange auf den »richtigen Zeitpunkt«, um etwas zu meinem Wohl zu tun, obgleich es keinen besseren gibt als jetzt.

Heute kümmere ich mich um mich selbst. Ich warte nicht länger auf die Hilfe, die ich brauche. Der richtige Zeitpunkt ist da.

Rokelle Lerner

*Lass dein Leben leicht entlang der Zeitlinie tanzen,
so wie Tau auf einer Blattspitze.*

Tagore

95

Wenn wir die Wahl hätten, würden sich nicht viele von uns dafür entscheiden, harte Lektionen zu lernen. Nur können wir ihnen nicht entkommen, und sie sind nicht ohne Wert. Unabhängig davon, ob diese schmerzvollen Erfahrungen uns von anderen zugefügt wurden oder durch unsere falschen Entscheidungen zustande kamen, haben wir nun die Möglichkeit, unsere Einstellung zu ändern. Wir können uns auf das Gute in der gegenwärtigen Situation besinnen und in erschöpfender Weise alles aus ihr lernen – und zwar nicht nur zu unserem eigenen Vorteil, sondern auch, um den Weg für andere Menschen in der gleichen Situation zu ebnen.

RHONDA BRUNEA

Die Erfahrung ist die strengste Lehrerin.
Aber du lernst, und wie du lernst!
C. S. LEWIS

96

Einen Marathonlauf gewinnt man Meter für Meter, und zwanzig Pfund Übergewicht verliert man ebenfalls nur Gramm für Gramm. Wir müssen einfach die gleiche Handlung so lange wiederholen, bis wir schließlich etwas erreichen. Wir bekommen das, was wir haben wollen, nur durch viele kleine Anstrengungen, ein langweiliger Schritt nach dem nächsten. Erfolg im Leben hängt damit zusammen, dass wir vertrauensvoll das tun, womit wir uns auskennen – jeweils eine Aufgabe nach der anderen. Wenn wir Erfolg haben wollen, müssen wir einfach jeden Tag von neuem an die Arbeit gehen und weitermachen.
BARBARA A. CROCE

*Überflieger sind auch nur einfache Menschen,
die nicht aufhören zu fliegen.*
CHRISTOPHER MORLEY

97

Manchmal bin ich anderen gegenüber großzügiger und vergebe ihnen schneller als mir selbst. Man befindet sich leicht in einem inneren Kriegszustand mit sich selbst – und ist barsch, verurteilend und sieht nur die Fehler.

Heute fange ich an, mir gegenüber fair zu sein. Ich werde mich selbst wie eine Freundin behandeln, großzügig und nachsichtig. Ich werde mit sanfter Stimme sprechen und meine Stärken würdigen. Ich weiß, es gibt Bereiche, in denen ich mich verbessern kann, und daher werde ich mich von nun an auch selbst so unterstützen, wie ich andere unterstütze. Dies ist für meine Genesung sehr wichtig. In Rat und Tat kann ich meine eigene beste Freundin sein.

BRENDA NIXON

*Wichtige Dinge dürfen nie den
unwichtigen untergeordnet werden.*
GOETHE

98

Wenn wir jeden Tag so leben würden, als wäre er der letzte, würden wir vielleicht verstehen, dass unsere größte Verantwortung und Aufgabe darin besteht, ein gutes Leben zu führen. Der Gedanke an den Tod wäre dann nicht so beängstigend. Natürlich werden wir von Hoffnung getragen – das zeichnet uns schließlich als Menschen aus –, und so glauben wir zuweilen, wir könnten ewig leben. In vielerlei Hinsicht tun wir das tatsächlich. Nehmen Sie sich die Zeit, und genießen Sie wie noch nie zuvor jeden Sonnenaufgang und jeden Sonnenuntergang, jede einzelne Mondphase, jeden Regenschauer und jeden wolkenlosen Himmel, alles, was Sie sehen, hören und schmecken können – sei es in gewöhnlichen oder in außergewöhnlichen Situationen.

NANCY BURKE

Und wenn dich das Irdische vergaß,
zu der stillen Erde sag: Ich rinne.
Zu dem raschen Wasser sprich: Ich bin.
RAINER MARIA RILKE

99

Was sagt man zu jemandem, der einen seit Jahren manipuliert, drangsaliert und kontrolliert? Was sagt man zu jemandem, der einen zerstören will? Ich saß schweigend da – eine Ewigkeit, wie es schien. Schließlich fragte ich: »Warum versuchst du, jeden meiner Schritte zu kontrollieren? Warum lässt du mich nicht einfach in Frieden?« In den wenigen Sekunden, die ich brauchte, um diese beiden Fragen zu stellen, hatte ich das Empfinden, von ES (so nenne ich meine Ess-Störung in Kurzform) ein wenig Abstand gewonnen zu haben. Und das fühlte sich sehr gut an.

JENNI SCHAEFER

Niemand kann dich ohne deine Einwilligung dazu bringen, dich minderwertig zu fühlen.
ELEANOR ROOSEVELT

100

Ich war oft sehr ungeduldig, wenn sich die Dinge nicht so schnell änderten, wie ich es gern gehabt hätte. Nach meiner alten Art zu denken wollte ich immer sofort Ergebnisse sehen. Wenn etwas nicht auf der Stelle passierte, schwenkte ich um und versuchte es auf eine andere Art und Weise, immer mit dem gleichen hohen Anspruch, sofort Resultate zu erzielen. Diese Einstellung übertrug ich auf alles Mögliche – zum Beispiel was ich zum Abendessen kochte, wie die neue Stelle auszusehen hatte, für die ich mich bewarb, wie eine Beziehung sein müsse. Ich konnte nicht abwarten, wie sich die Dinge auf natürliche Weise entwickeln würden.
Heute habe ich gelernt, alles bewusst langsam anzugehen, meine Erwartungen nicht zu hoch zu schrauben und die verschiedenen Stufen in jedem Prozess zu verstehen. Ich bin seitdem viel glücklicher – und eine bessere Köchin.

ANNE CONNER

*Der Anstieg der Weisheit entspricht exakt
der Abnahme der Verbitterung.*
FRIEDRICH NIETZSCHE

101

Wie setze ich die zerbrochenen Teile meines Lebens wieder zusammen? Was mache ich mit den deformierten Bestandteilen meines Selbst, den Teilen, die alt, ausgefranst und zerschlissen sind? Ich werde sie alle untersuchen, bevor ich die Entscheidung treffe, was ich behalte und was ich hinauswerfe.

Wer bin ich? Nur daran muss ich arbeiten. Ich brauche mich dabei weder komplett auseinanderzunehmen, noch bei null anzufangen. Genesung ist die Kunst, Ordnung in das bestehende Chaos zu bringen. Mit Liebe und Geduld lerne ich, mein persönliches Chaos zu ordnen. Auf diese Weise entsteht ein Kunstwerk.

ROKELLE LERNER

Du musst das Leben in seiner Gesamtheit verstehen und nicht nur einen kleinen Teil erfassen.
JIDDHU KRISHNAMURTI

102

Wenn Sie Gott für eine bestimmte Eigenschaft danken, bringen Sie ihn in Ihren Alltag und erinnern sich daran, dass er für all Ihre Bedürfnisse und Sorgen eine Antwort hat. Wenn Sie sich durcheinander fühlen oder frustriert sind, weil ein anderer durcheinander ist, können sie Gott für seine gute Ordnung danken. Wenn Sie sich unverstanden fühlen, danken Sie ihm für sein Verständnis. Wenn Sie die Erfahrung machen, dass er einen anderen Zeitplan hat als Sie, danken Sie ihm, dass er zur rechten Zeit da ist. Danken Sie ihm für seine Großzügigkeit, wenn Sie unverdient seine Fülle und seinen Reichtum erfahren. Danken Sie ihm dafür, dass er der Vergebende ist, wenn Sie in einer bestimmten Situation Vergebung brauchen oder seine Hilfe benötigen, um anderen vergeben zu können. Wenn Sie sich minderwertig fühlen, danken Sie ihm dafür, dass er für alle Menschen gleichermaßen da ist.

Lana Fletcher

Wie tugendhaft jemand ist, sollte nicht anhand seiner Bemühungen, sondern seines gewöhnlichen Alltags beurteilt werden.

Blaise Pascal

103

Jeder Mensch ist einzigartig. Wir drücken uns alle unterschiedlich aus und gehen anders mit Notlagen und Konflikten um. Der meiste Streit entsteht durch Missverständnisse, und es erfordert Geduld, um zuzuhören, was zwischen den Zeilen gesagt wird. Um mich von Verletzungen und Ungerechtigkeiten zu erholen, muss ich mir zuerst den Spiegel vorhalten. Wenn etwas, das ich getan oder gesagt habe, zum Konflikt beigetragen hat, muss ich die Verantwortung für mein Handeln übernehmen und mich entschuldigen. Wenn die andere Person das nicht akzeptieren kann und die Beziehung auf eine harte Probe gestellt wird, dann ist das ihre Sache. Ich habe mein Bestes getan.

JOAN CLAYTON

Vergebung ist die Brücke,
um die Beziehung wiederherzustellen.
JOAN CLAYTON

104

Es ist ein Zeichen von Weisheit, sich Ziele zu setzen und sie dann loszulassen. Für den Erfolg ist es nur nötig, eine klare Vorstellung vom Ziel zu haben. Auf der Reise selbst wird sich zeigen, wie Sie am besten Ihr Ziel erreichen. Wenn Sie es nicht zulassen, werden Fehler Sie auch nicht von Ihrem Kurs abbringen. Ein guter Navigator behält das Ziel immer genau im Auge, steuert es aber mit kleinen Kursänderungen immer wieder von neuem an.

BRAHMA KUMARIS WORLD SPIRITUAL UNIVERSITY

*Ihre Zielsetzung zieht den Erfolg an,
und Ihre Konzentration auf das Ziel beseitigt
alle Hindernisse.*

BRAHMA KUMARIS

105

Manchmal sind wir sehr schnell mit unserem Urteil und bewerten Handlungen, Menschen und Situationen als gut oder schlecht, richtig oder falsch. Indem wir dies tun, begrenzen wir unsere Lebenserfahrung auf einschneidende Weise. Selbst der leidvolle Weg eines Alkoholikers muss nicht als schlecht verurteilt werden, denn er ermöglicht eine neue Perspektive, eine Bewusstwerdung und weitere Möglichkeiten, die es auf einem anderen Weg nicht gibt.
Heute lasse ich mein Bedürfnis los, zu bewerten oder zu verurteilen. Ich denke daran, dass die Geschenke oftmals nicht gleich auf den ersten Blick zu erkennen sind und dass Gott einen viel größeren Blickwinkel hat als ich.

JEFFREY R. ANDERSON

Bewerte den Tag nicht nach der Ernte, die du einfährst, sondern nach den Samen, die du legst.
ROBERT LOUIS STEVENSON

106

Ich liebe es, mit dem Gezwitscher der Vögel vor meinem Schlafzimmer aufzuwachen und mir vorzustellen, was der neue Tag wohl bringen wird. Wenn ich aus dem Haus schaue, sieht es draußen kalt und feucht aus, als ob es geregnet hätte. Aber wie das Wetter auch sein mag, das kleine Rotkehlchen, das auf einem Ast hockt, wird weitersingen. Das Rotkehlchen weiß, dass seine Bedürfnisse jeden Tag erfüllt werden. Es muss sich keine Sorgen machen.

Auch ich habe Bedürfnisse, aber im Gegensatz zu dem kleinen Rotkehlchen mache ich mir Sorgen. Doch heute Morgen übergebe ich all meine Sorgen dem einen Gott, der für seine gesamte Schöpfung sorgt.

THERESA MEEHAN

Das Leben ist ganz einfach,
aber der Mensch besteht darauf,
es kompliziert zu machen.

KONFUZIUS

107

Das Gefühl, niemals allein zu sein, ist für mich das größte Geschenk der Genesung. Ich verbringe mein Leben in einer Gemeinschaft von Menschen, die keinen Alkohol trinken. An einem Tag werde ich von jemandem gestützt; an einem anderen Tag ist es gerade diese Person, die wankt, und ich kann ihr Mut machen und ihr helfen. Im Laufe meiner Genesung habe ich sehr viel Liebe und Hoffnung empfangen. Folgende Worte der Anonymen Alkoholiker drücken dies sehr gut aus: »Wir werden eine neue Freiheit und ein neues Glück kennenlernen. Wie tief wir auch gesunken sein mögen, unsere Erfahrungen werden anderen Menschen zugutekommen.«

DORRI OLDS

Ich war verloren, aber jetzt habe ich mich gefunden.
JOHN NEWTON

108

Sich unabhängig von den äußeren Umständen für eine innere Haltung der Freude zu entscheiden ist ein mutiger Akt des Vertrauens, aber auch eine Sache des Willens. Mit dieser Einstellung packen wir an, was wir an Gutem tun können, und entzünden dabei kleine Lichter gegen die Dunkelheit. Es ist eine bewusste Entscheidung, meine Welt zu verbessern und nicht zu verschlechtern. Ich entscheide mich dafür, heute die guten Dinge zu sehen und zu genießen. Ich handle aus einer inneren Freude heraus, die nicht durch andere zerstört werden kann, sondern diejenigen ansteckt, die sich ihr öffnen.

RHONDA BRUNEA

Wir können die Welt nicht von ihrem Leid befreien, aber wir können uns entscheiden, in Freude zu leben.
JOSEPH CAMPBELL

109

Malen Sie alles. Nicht nur den Sonnenschein und die Regenbögen, sondern auch die Überschwemmungen und die Stürme. Schreiben Sie über alles. Nicht nur über Lachen und Beifall, Feste und Siege, sondern auch über Schmerzen und Tränen, Misserfolge und Ängste. Denn während die Jahre vergehen und Sie auf Ihr Leben zurückblicken, werden Sie nichts missen wollen. Selbst das zaghafteste Lächeln, selbst die kleinste Träne hat Ihr Leben zu dem gemacht, was es ist.

MARIA ISABEL A. ARELLANO

In der Imagination ist alles möglich:
Schönheit, Gerechtigkeit, Glück –
die wichtigsten Dinge dieser Welt.

BLAISE PASCAL

110

Mir ist bewusst, dass Wachstum und Veränderung auch oft mit Schmerzen verbunden sind. Immerhin setze ich mich mit Dingen, die sich im Laufe von Jahrzehnten angesammelt haben, in viel kürzerer Zeit auseinander. Der Schmerz, mich auf diese Weise mit bestimmten Dingen zu konfrontieren, wird neben der Freude, die ich fühle, immer da sein. Am einfachsten kann ich mich freuen, wenn ich den Schmerz nicht verdränge, da er ein natürlicher Teil der Entwicklung ist. Jede Veränderung erfordert ein Aufgeben, und das allein ist schon ein Grund zur Trauer. Aber erst dieses Aufgeben macht den Weg für eine Veränderung frei. Heute weiß ich, dass ich durch einen tiefen Reinigungsprozess gehe, der zwar nicht einfach, aber sehr lohnend und wertvoll ist.

TIAN DAYTON

Um uns mit dem großen Ganzen zu vereinen,
müssen wir uns verändern; wir müssen entsagen
und uns hingeben. Und diese Gewalt gegen
uns selbst lindert den Schmerz.
PIERRE TEILHARD DE CHARDIN

III

Nachdem das letzte Kind das Haus verlassen hatte, litt ich sehr darunter, dass unser »Nest« nun leer war. »Komm, wir machen eine Spritztour mit dem Auto«, sagte mein Mann und wischte mir die Tränen aus dem Gesicht. Nach ein paar Meilen entdeckte ich ein großes, knorriges Stück Treibholz am Straßenrand. Das weiße Holz glänzte in der Sonne. Wir nahmen dieses Schmuckstück mit und legten es in unseren Vorgarten. Obwohl schon viele Jahre vergangen sind, befindet es sich immer noch dort. Sein schöner Anblick erinnert mich daran, dass die besten Dinge im Leben kostenlos sind. Meine Kinder loszulassen war nicht leicht, aber wie mein Treibholz haben auch sie ihren guten Platz gefunden.

JOAN CLAYTON

Es verlangt viel Mut, um das Gewohnte und scheinbar Sichere abzustreifen und sich auf etwas Neues einzulassen.

ALAN COHEN

112

Wie oft hat unsere Mutter uns ihre Lebensweisheiten mit auf den Weg gegeben! Der Schlüssel zum Glück war Vertrauen. Der Schlüssel zu einem anständigen Essen war Arbeit. Vorbereitet zu sein war der Schlüssel aller Schlüssel. Spare drei Monatsgehälter (für den Fall, dass du deine Arbeit verlierst). Bewahre eine Dose mit Schinken in der Vorratskammer auf (für den Fall, dass unerwartet Besuch kommt). Achte auf saubere Unterwäsche (für den Fall, dass du plötzlich ins Krankenhaus musst).
Ihr Tod kam völlig unerwartet. Ich war nicht vorbereitet auf eine Zukunft ohne sie. Aber dann beugte sich unsere vierjährige Enkelin Amy über den Sarg meiner Mutter, zupfte sie am Ärmel und flüsterte: »Wenn du im Himmel bist, grüß meine andere Oma von mir, ja?« Ein Kind hatte uns einen Schlüssel überreicht.

MARY LEE MOYNAN

Intensiv zu leben bedeutet, jeden flüchtigen Moment loszulassen und mit ihm zu sterben und mit jedem neuen Augenblick wiedergeboren zu werden.
JACK KORNFIELD

113

Das Leben ist fair, weil sich letztlich alles ausgleicht; das Lachen löst die Tränen ab, Gesellschaft die Einsamkeit, Tapferkeit die Angst und Stärke den Schmerz. Heute lasse ich mich voll auf das Abenteuer des Lebens ein. Ich werde mit dem fertig, was auf mich zukommt, selbst wenn es ein tiefes Tal ist – weil ich weiß, dass auch wieder ein Gipfel auf mich wartet.

BRENDA NIXON

Im Leben geht es nicht so sehr um die äußere Position, sondern um die innere Disposition.

RALPH WALDO EMERSON

114

Flüchtige Einblicke in die göttliche Führung stellen sich bei mir gewöhnlich nicht als intuitive Geistesblitze oder überwältigende Gefühle spiritueller Seligkeit ein. Oftmals zeigen sie sich subtiler, zum Beispiel in einem Zeitungsausschnitt, den mir jemand schickt, oder in einem Buch, das ich zufällig in die Hand nehme. Ich finde meine Antworten genauso oft in alltäglichen Situationen wie in beeindruckenden Kathedralen oder in ruhigen Minuten des Gebets. Wenn ich zu sehr damit beschäftigt bin, nach der großen Geste Ausschau zu halten, höre ich oft nicht das leise Flüstern. Ich öffne meinen Geist daher heute den subtilen Botschaften, die mich den ganzen Tag über erreichen. Ich glaube daran, dass sie da sind: Es liegt an mir, offen zu sein und sie zu empfangen.

AMY ELLIS

Tu zuerst das Notwendige, dann das Mögliche – und plötzlich schaffst du das Unmögliche.
FRANZ VON ASSISI

115

Oft fassen wir den Stiel einer Rose vorsichtig an, weil wir Angst haben, von ihren Dornen gestochen zu werden. Und genauso vermeiden wir in schwierigen Situationen manchmal das wirkliche Problem in der Hoffnung, nicht verletzt zu werden. Wir entschuldigen das ungehörige Verhalten, das uns nahestehende Menschen oder wir selbst an den Tag legen. Wir weigern uns, über etwas zu reden, das uns dazu zwingen könnte, unseren gewohnten Lebensstil zu verändern. Wir reden uns ein, dass es letztlich nicht nötig sei, eine schwierige Aufgabe anzupacken. Indem wir das Problem vermeiden, verspielen wir die Möglichkeit, es zu beheben. Wir bleiben voller Angst und haben keinen Einfluss. Dabei spürt man die Dornen gar nicht, wenn man den Stiel einer Rose fest in die Hand nimmt.

KAY CONNER PLISZKA

Nur wenn wir unsere Tränen wahrnehmen, können wir sie trocknen und wieder Fassung gewinnen.
HUGH DELEHANTY

116

Vor unserer Genesung haben wir viele Fragen, die häufigste lautet: »Warum ich?« Es war oft zu schmerzhaft, mit den Antworten konfrontiert zu werden, also betäubten wir uns mit Alkohol, Drogen, Essen oder Sex. Am Morgen danach gab es immer noch keine Antworten. Heute werden wir daher fragen: »Warum nicht ich?«

CANDY KILLION

Was ist die Antwort? Was ist denn die Frage?

GERTRUDE STEIN

117

Alles, was Sie brauchen, ist Ihnen schon gegeben. Sie haben Beine, um standhaft zu sein und sich Ihren Ängsten zu stellen. Sie haben Arme, um sie nach anderen auszustrecken. Sie haben Schultern, um die Last schwerer Zeiten zu tragen. Sie haben Ohren, um den Rat anderer zu hören. Sie haben Augen, um zu sehen, was getan werden muss. Und Sie haben ein Lächeln, damit Sie dem Gesicht im Spiegel immer sagen können, dass mit Ihnen alles in Ordnung ist.

Shelley Wake

Geh behutsam mit dir um, und lerne, dich zu lieben und dir zu vergeben. Nur wenn wir uns selbst gegenüber die richtige Einstellung haben, haben wir sie auch gegenüber anderen.

Wilfred Peterson

118

Je gesünder ich werde, desto größer ist mein Wunsch nach einem Leben voller Freude. Heilung bedeutet, dass ich nicht länger in Angst, Unentschlossenheit und Verzweiflung leben möchte. Wenn es dafür erforderlich ist, aus einer schmerzlichen oder destruktiven Situation herauszutreten, steht es mir frei, dies zu tun. Ich glaube nicht länger daran, dass es mein Schicksal ist, zu leiden, oder dass Gott mich permanent bestrafen will. Diese Glaubenssätze sind Teil der Suchtkrankheit in meiner Familie. Gesund zu werden bedeutet, die Liebe Gottes wahrzunehmen und zu wissen, dass meine Genesung ein Ausdruck meiner Höheren Kraft ist. Ich versuche jeden Tag, die Überzeugungen und Gefühle zu vermeiden, die mich in selbstzerstörerische Teufelskreise zurückwerfen. Ich lebe mein Leben mit der festen Überzeugung, dass ich es verdiene, Freude und Glück zu finden.

ROKELLE LERNER

Wenn du glaubst, dass das Leben lebenswert ist, trägt dein Glaube dazu bei, dass es lebenswert wird.
WILLIAM JAMES

119

Glauben Sie an sich selbst, es ist das Beste, was Sie tun können. Diese innere Einstellung gibt Ihnen die Kraft, sich auf einen langfristigen Heilungsprozess einzulassen, in dessen Verlauf sich Ihr Charakter immer mehr festigt und Sie lernen, Geduld zu haben. Zweifel werden bald verschwinden. Während Sie Ihre Ziele ansteuern, wird die neue Realität Ihre alten Gewohnheiten überwinden. Ein großes Glücksgefühl vertreibt den Stress von gestern und schafft gleichzeitig eine sichere Grundlage für die Gegenwart. Sie werden Ihre schützende Abwehr aufgeben und sich der Fülle öffnen, die Ihr neuer Lebensweg mit sich bringt, auf dem Sie persönliche Befriedigung und Erfüllung finden werden.

SUZANNE BAGINSKIE

Es erfordert zwar Mut,
etwas Großes zu erreichen,
aber noch mehr Mut ist nötig,
um Erfüllung im normalen,
alltäglichen Leben zu finden.

MARILYN THOMSEN

120

Unerbittlich erfüllt die Dunkelheit alles auf ihrem Weg mit Negativität und Hoffnungslosigkeit. »Alles ist verloren«, schreit ihr unglückseliges Opfer auf. Dann bricht die Morgendämmerung lautlos an und überwältigt ihre Gegenspielerin. Die erschöpfte Seele erhält neue Kraft durch den Gedanken an unbegrenzte Möglichkeiten, Hoffnungen und Träume. Neues Leben wird geboren, und die Morgendämmerung ist siegreich. Die Dunkelheit zieht sich zurück und beklagt ihre Niederlage, verwundert darüber, dass die Sanftheit der Morgendämmerung so große Wirkung zeigt.

IRMA NEWLAND

*Erwarte in den dunklen Nächten des Lebens
die Morgendämmerung eines neuen Anfangs.*
LLOYD JOHN OGILVIE

121

Ich arbeite mit Kindern, die durch häusliche Katastrophen oder durch Misshandlung und Missbrauch verheerende Schäden erlitten haben. Oft bin ich überrascht und stolz auf diese Kinder, weil sie trotz ihrer »Macken« und »Verhaltensstörungen« ganz einfach überlebt haben. Ein kleines Mädchen stach besonders hervor, denn es hatte in ihrem jungen Leben schon sehr viel durchmachen müssen. Während unserer ersten Therapiesitzung bekam ich von Marissa die beste Darbietung des Kinderreims »Itsy Bitsy Spider« über die Abenteuer einer kleinen Spinne präsentiert, die ich jemals gesehen und gehört habe. Ihre darstellerische Fähigkeit brachte mir wieder in Erinnerung, dass es trotz der schrecklichen Dinge, die ich jeden Tag sehe, ein großes Privileg ist, einem Kind zu begegnen, das – unabhängig davon, was in seinem Leben geschieht – immer noch singen kann.

JENNIFER M. REINSCH

Wer singen kann, findet immer ein Lied.
SCHWEDISCHES SPRICHWORT

122

Der Frühling ist da und inspiriert Sie, einen neuen Anfang zu machen. Sie erklimmen eine weitere Sprosse in Ihrem Heilungsprozess und fühlen, dass Sie jetzt stärker sind. Der Schnee schmilzt, und mit ihm lösen sich die ängstlichen Gefühle auf. Sie können sie endlich loslassen. Das Eis verwandelt sich in kühles Wasser, mit dem all Ihre Sorgen hinweggeschwemmt werden. Ihre Sinne und Ihr Herz öffnen sich der wärmenden Frühlingsluft. Die Probleme, die Ihnen Angst machen, sind nun leichter zu überwinden. Das Leben wird einfacher, und jeden Tag nehmen die Hoffnung und das Vertrauen zu.

SUZANNE BAGINSKIE

Wenn den einfachen Dingen der Natur
eine Botschaft innewohnt, die du verstehst,
kannst du glücklich sein,
denn deine Seele ist lebendig.

ELEONORA DUSE

123

Ich habe jetzt etwas, das ich als Kind in einer Alkoholikerfamilie nicht hatte: Auswahl. Zum Beispiel aßen wir jeden Abend das Gleiche – an 365 Tagen im Jahr! Beim Abendbrot herrschte immer eine unterschwellige Spannung, da niemand gern am Tisch saß.
Inzwischen bin ich erwachsen und selbst Vater. Wenn ich nicht lerne, anders mit den Dingen umzugehen, keine gesunden Verhaltensweisen annehme und nicht den Weg der Genesung gehe, würde sich das nicht nur auf unsere Kinder auswirken, sondern eines Tages könnte ich auch mit Enkeln am Tisch sitzen, die gelernt haben, das gemeinsame Abendbrot zu hassen. Familienrituale werden von Generation zu Generation weitergegeben. Der Weg der Genesung zeigt uns, wie wir sie verändern können.
Robert J. Ackerman

Bis an mein Lebensende werde ich das Kind eines Alkoholikers bleiben, aber ich werde keinen einzigen Tag mehr vor Scham sterben, weil ich das Kind eines Alkoholikers bin.
Robert J. Ackerman

124

Es kann sein, dass wir uns so an Not und Leid gewöhnen, dass wir das Gute nicht mehr erkennen, wenn es geschieht. Wir sind zu sehr damit beschäftigt, nach der nächsten Katastrophe, die uns droht, Ausschau zu halten. Wenn die Zeiten besser werden, fühlen sich viele als Betrüger, die eine solche Gunst nicht verdienen. Wir müssen uns daran erinnern, dass das Leben nicht notwendigerweise immer so bleiben muss, wie es in der Vergangenheit war. Wir können unser Herz darauf ausrichten, das Gute zu erkennen und anzunehmen. Wir tun uns selbst einen großen Gefallen, wenn wir lernen, positive, die Lebensenergie stärkende Ereignisse genauso einfach anzunehmen wie einst Schwermut und Trübsinn.

RHONDA BRUNEA

Nichts ist zu wundervoll, um wahr zu sein.
MICHAEL FARADAY

125

Wenn Sie Ihr Verhalten verändern wollen, sollten Sie die Gedanken prüfen, die es verursachen. Gedanken sind wie Samen. Sie werden zu Einstellungen und diese zu Handlungen.
Wenn Sie ein Haus bauen, kommt es auf jeden Stein an. Wenn Sie Persönlichkeit aufbauen, zählt jeder Gedanke. Denken Sie also konstruktiv.
    BRAHMA KUMARIS WORLD SPIRITUAL UNIVERSITY

Ihre Entschlossenheit, nicht Ihre Fehlerlosigkeit, führt Sie zur Vollkommenheit.
    BRAHMA KUMARIS

126

Ein weiterer Regentag – und ich hatte mich so auf strahlenden Sonnenschein gefreut. Zuerst bin ich enttäuscht, aber dann wird mir klar, wie gemütlich es in meinem Haus ist – in eine warme Decke eingewickelt und mit einem guten Buch. Ich lausche dem leisen Prasseln der Regentropfen gegen mein Fenster und habe das Gefühl, dass die Erde den nährenden Regen in sich aufsaugt. Ich stelle mir die Wurzeln der Pflanzen vor und sehe, wie sie durch die viele Feuchtigkeit anschwellen, die sie aufnehmen. Mir wird bewusst, wie entspannt und wohl ich mich fühle, und genieße diesen geschenkten Tag der Untätigkeit. Was für eine Freude – ein weiterer Regentag!

ANNE CONNER

Du musst mit allem fertig werden,
was das Leben mit sich bringt,
und wichtig ist dabei nur,
ob du dem Leben mutig und
mit dem Besten, was du zu geben hast,
entgegentrittst.

ELEANOR ROOSEVELT

127

Nach einem Schlaganfall konnte meine Mutter nur unter großen Mühen sprechen, gehen und schlucken. Sie hatte keine Probleme mit dem Hören, und so sprachen wir zu ihr über Liebe. Wir vertrauten ihr unsere Geheimnisse an.
Eines Abends setzten wir sie in den Rollstuhl und besuchten mit ihr einen Gottesdienst für Kranke. Die Kirche war bis auf den letzten Platz gefüllt. »Heben Sie die Hand«, sagte der Priester, »wenn Sie glauben, Ihre Krankheit sei eine Strafe Gottes.« Ungläubig beobachtete ich, wie meine Mutter langsam ihre Hand ein paar Zentimeter von ihrem Schoß hob. In diesem Moment begriff ich, dass Heilung im Herzen beginnt. Im Laufe der Zeit lernte meine Mutter wieder das Gehen und Sprechen. Vertrauen Sie Gott Ihre Geheimnisse an.

MARY LEE MOYNAN

Echte Freundschaft ist wie gute Gesundheit;
den wahren Wert erkennt man oft erst dann,
wenn sie verloren ist.
CHARLES CALEB COLTON

128

Ich war in meinem ersten Jahr auf dem College, das drei Autostunden von meinem Zuhause entfernt lag, und ich sah kein vertrautes Gesicht. Während eines Vortrags hatte die Erwähnung von »Al-Anon«-Selbsthilfegruppen für Familienangehörige von Alkoholikern meine Aufmerksamkeit geweckt. Ich hatte noch nie davon gehört. Es sprach nichts dagegen, sich solch eine Gruppe einmal anzuschauen – aus rein medizinischen Forschungsgründen, versteht sich.

Als ich mich nach einem Sitzplatz möglichst weit hinten umsah, kamen mir Bedenken, aber da berührte mich schon jemand am Arm und sagte: »Bitte, schließ dich uns an.« Ich wusste nicht, was ich tun sollte oder ob ich überhaupt hierher gehörte. Ich spürte, wie ihre Blicke mich musterten, nach Hinweisen suchten, was sich in meinem Kopf abspielte, und dass sie versuchten, meine Geheimnisse und meine Erinnerungen zu erraten. Und während ich verzweifelt bemüht war, mir eine Ausrede einfallen zu lassen, um wieder gehen zu können, sagte die Frau in einem großen Moment von Klarsicht: »Es ist in Ordnung, wir wissen Bescheid.«

Patricia Holdsworth

Liebe aus ganzem Herzen, sei neugierig und lass dich überraschen, spende viel Dank und Lob –
dann wirst du die Erfüllheit deines Lebens entdecken.
Bruder David Steindl-Rast

129

Bescheidenheit ist eine große Kraft, die Sie manchmal für Ihren eigenen Schutz nutzen können. Manchmal dient sie auch dazu, andere zu schützen. Die Kraft der Bescheidenheit ermöglicht es Ihnen, in allen Dingen das Nützliche zu sehen, selbst in der Kritik von anderen. »Vielleicht gibt es etwas, das ich hier lernen kann. Jemand erwähnt es mir gegenüber, also muss es auch irgendeine Bedeutung haben.« Ihr Selbstwertgefühl hält Sie im Gleichgewicht – egal was alles auf Sie zukommen mag.
BRAHMA KUMARIS WORLD SPIRITUAL UNIVERSITY

Tauchen Sie tief in die Geheimnisse des Lebens ein, und schweben Sie hoch über den täglichen Anforderungen. Bleiben Sie dabei die ganze Zeit über mit beiden Füßen fest auf dem Boden.
BRAHMA KUMARIS

130

Heute Morgen bin ich mit der Vorfreude auf das aufgewacht, was ich heute alles erreichen kann. Ich habe meinen Weg gewählt und richte mich auf positive Ziele aus. Meine Ambitionen verändern sich. In mir drückt sich eine positive Transformation aus, die sich in jedem Schritt zeigt, den ich in der Entwicklung hin zu der Person mache, die ich sein möchte. Ich nehme meine Zukunft entschlossen in die Hand.

STACEY CHILLEMI

Intelligenz ohne Bestreben ist wie ein Vogel ohne Flügel.
C. ARCHIE DANIELSON

131

Vielleicht ist es unmöglich, das Leben in all seiner Schönheit und Großartigkeit zu erfassen. Aber selbst wenn wir nur Bruchstücke dieser bedeutenden Momente erhaschen, haben wir die wunderbare Gelegenheit, sie mit neuem Leben zu erfüllen und erneut zu genießen. Und dann erkennen wir, dass das Leben wirklich wunderbar ist.

MARIA ISABEL A. ARELLANO

Manche Menschen haben die wunderbare Gabe, die grundlegenden Dinge des Lebens immer wieder in frischer und unvoreingenommener Weise auszukosten und sich mit Ehrfurcht, Staunen, sinnlicher Lust und sogar Ekstase an ihnen zu erfreuen.

A. H. MASLOW

132

Ich war daran gewöhnt, mit Verrücktheit zu leben. Das Aufwachsen mit einem alkoholabhängigen Elternteil hat mich auf den Überlebenskampf vorbereitet. Ich hatte gelernt, destruktive Beziehungen einzugehen – und dann darauf zu warten, dass der Wahnsinn ein Ende nehmen würde. Ich hatte gelernt, in einer Person nicht das zu sehen, was sie war, sondern was sie sein könnte – wenn sie es denn nur wollte.

Ich weiß inzwischen, dass ich mich emotional schützen muss. Es macht keinen Sinn, dass ich meine Psyche in die Hand einer unzurechnungsfähigen Person lege. Ich bin nicht auf dieser Erde, um körperlich und emotional missbraucht zu werden. Ich kann nicht so lange warten, bis ich die Erlaubnis bekomme, Hilfe in Anspruch zu nehmen oder eine von Missbrauch geprägte Beziehung zu beenden. Ich kann nicht darauf warten, dass alle über die Entscheidungen, die ich treffe, begeistert sind. Mein Leben gehört mir, und ich entscheide für mich selbst.

ROKELLE LERNER

In der Kindheit gibt es kein stärkeres Bedürfnis als das nach dem Schutz des Vaters.
SIGMUND FREUD

133

Hören Sie nicht auf die Einflüsterungen der Versuchung. Heute sind Sie stark genug, sie nicht zu beachten. Der Geschmack ist immer noch verlockend, aber der Feind verbirgt sich in ihm. Die Vision eines neuen Lebens hängt dort am Spiegel. Die süße Sünde wird zu bitterer Erinnerung. Wenn man in heftigem Verlangen gefangen ist, kommt die Befreiung durch das Gebet. Der Weg des Lebens war steil, aber jetzt verläuft er eben. Frieden herrscht nun, wo einst die Höllenqualen körperlicher Süchte wüteten. Eine Festung schützt mich vor der Versuchung. Auf dass mein Herz morgen mit noch mehr Gebeten erfüllt sei, um mich zu behüten.

Ann Coogler

Prüfungen, Versuchungen, Enttäuschungen –
sie sind keine Hindernisse,
sondern Hilfen, wenn man sie richtig nutzt.

James Buckham

134

Keine Last wiegt schwerer auf den Schultern und dem Gewissen als die Trümmer der eigenen Vergangenheit. Die »Zwölf Schritte« geben uns ein Werkzeug in die Hand, um uns von dieser Last zu befreien, die Trümmer aus dem Weg zu räumen und wieder glücklich mit der Freiheit, der Begeisterungsfähigkeit und dem Staunen eines Kindes zu leben.

JEFFREY R. ANDERSON

Der Schmerz fördert den Mut.
Du kannst nicht tapfer sein,
wenn du nur wunderbare Dinge erlebst.

MARY TYLER MOORE

135

In einer Studie über Menschen, die über hundert Jahre alt wurden, ging es auch um ihr Geheimnis für ein glückliches Leben. Sie sagten, sie erwachten jeden Morgen voller Dankbarkeit für einen neuen Tag und das Leben sei zu kurz, um nachtragend zu sein und immer nur zu klagen.

Jeder Tag bietet die Möglichkeit, glücklich zu sein und andere glücklich zu machen. Es bedarf dafür nur eines kleinen Akts der Freundlichkeit: ein Lächeln, ein hilfreiches Wort, ein Schulterklopfen und ein liebendes Herz. Wir können viel von diesen Hundertjährigen lernen. Das Geschenk des Lebens ist unbezahlbar.

JOAN CLAYTON

Das Beste, was du für deine Zukunft tun kannst, ist, heute glücklich zu sein.

JOAN CLAYTON

136

Beschwerliche Umstände sensibilisieren uns für die kleinen Dinge des Lebens. Wenn wir von der dunklen Jahreszeit genug haben, kann uns der Duft des Flieders an einem Frühlingsabend, das Lächeln eines Fremden oder nur der Genuss, eine Möhre zu knabbern, liebevoll umfangen. Diese gewöhnlichen Alltagsdinge sind wie kühles Wasser in einem ausgetrockneten Land. Wir können es trinken und ihm erlauben, die ausgedörrten Bereiche in uns zu benetzen.

BARBARA A. CROCE

Nimm die schwierigste Herausforderung, der du dich im Moment gegenübersiehst, und begreif sie als größte Möglichkeit zu wachsen, einfach indem du deine innere Einstellung veränderst. Sackgassen werden auf diese Weise zu Wendepunkten.

BOB PERKS

137

Wenn ich eine starke intuitive Botschaft bekomme, höre ich sie mir an. Ich kann mich irren, aber ich werde das Gefühl oder den Impuls nicht einfach abtun, denn ich weiß, dass die Intuition ein wichtiger Bestandteil meines Lebens ist. Meine Intuition ist real. Sie ist eine Kombination aus Gefühlen und Instinkten, die mir helfen, mich in dieser Welt zurechtzufinden. Ich werde diese lautlose innere Stimme heute nicht überhören. Es ist mir wichtig, meinen inneren Empfindungen Ausdruck zu verleihen. Intuition ist real. Sie ist da, um mich zu führen.

TIAN DAYTON

Führe mich vom Unrealen zum Realen. Führe mich von der Dunkelheit zum Licht.
Führe mich vom Tod zur Unsterblichkeit.

BRIHADARANYAKA UPANISHAD

138

Das Leben ist voller Entscheidungen, die wir entweder bewusst oder unbewusst treffen. In jedem Fall sollte man ohne Bedauern zurückschauen können. Bedauern ist sinnlos und führt nur zur Stagnation. Schauen Sie stattdessen in die Zukunft, und wünschen Sie sich, auf der Grundlage der Lektion, die Sie zuvor gelernt haben, eine andere Entscheidung zu treffen.
MICHELLE GIPSON

Ich bedaure nichts, sondern habe viele, viele Wünsche.
MICHELLE GIPSON

139

Ich laufe Gefahr, auszubrennen, wenn ich all das anderen Menschen gebe, was ich für mich selbst brauche. Wenn ich darauf achte, dass meine eigenen Bedürfnisse erfüllt sind, riskiere ich nicht, aus unbefriedigten Bedürfnissen heraus anderen und mir selbst Schaden zuzufügen. Ich suche die nährende Unterstützung meiner Freunde und meiner Höheren Kraft und nehme mir die Zeit, mich zu entspannen. Ich habe begriffen, dass ich mich verausgabe, lethargisch und wütend werde, wenn ich nicht auf mich selbst achte. In diesem Zustand kann ich niemandem helfen. An meine eigenen Bedürfnisse zu denken, bevor ich einer anderen Person helfe, ist ein Akt der Liebe.

ROKELLE LERNER

*Hoffnung ist der Glaube an das Ich,
das ich noch sein werde.*
THERAPEUTISCHER RATSCHLAG

140

Wir hatten uns nie wirklich kennengelernt oder eine schwesterliche Beziehung aufgebaut. Sie war die älteste Tochter meines Vaters; wir hatten verschiedene Mütter. Mein Vater hatte sich damals in eine seiner Studentinnen verliebt. Sie war fünfzehn Jahre jünger als er. Er verließ seine Frau und seine kleine Tochter und heiratete die Studentin, die dann meine Mutter wurde.

Wir haben beide unser eigenes Leben geführt, sind zu Frauen, Ehefrauen und Müttern geworden und kamen zusammen, als unser Vater im Sterben lag. Ich war beeindruckt von ihrem Mut und ihren Talenten und bewunderte ihre vergebende Haltung gegenüber meinem Vater, der sie verlassen hatte. Wir heilen durch den Schmerz, den wir miteinander teilen, und indem wir dies tun, verhindern wir, die Fehler unserer Eltern zu wiederholen.

MIRIAM HILL

Mit geballter Faust kann man niemandem die Hand schütteln.
INDIRA GANDHI

141

Das Leben ist wie eine Suppe. Die gleichen Zutaten schmecken morgen anders als heute, und wenn man sie allein löffelt, schmeckt sie anders als in Gesellschaft. Zwei Menschen können das gleiche Rezept verwenden, und dennoch ist der Geschmack am Ende verschieden, und jeder schmeckt die Zutaten auf seine spezielle Weise. Man muss nicht wissen, was alles in der Suppe ist, um sie zu mögen, und natürlich gibt es nicht nur die eine richtige Art, sie zu kochen. Entscheidend ist, dass sie mit Liebe zubereitet wird.

JEFFREY R. ANDERSON

Das ganze Leben ist ein Experiment.
Je mehr du ausprobierst, desto besser.
RALPH WALDO EMERSON

142

Irgendjemand hatte mich einmal gefragt, wie man betet. Ich denke, ein Gebet ist ein bisschen wie Sex. Es ist das, was zwischen zwei Personen geschieht, die sich einig sind. Ich bete, indem ich rede und Gott mir zuhört.
Sie fragen sich jetzt vielleicht: »Woher wissen Sie, dass Gott zuhört?« Das ist nicht so leicht zu beantworten. Einmal drehte ich ein Bild um und entschied, wenn Gottes Antwort auf meine Bitte ja lautete, würde das Bild am nächsten Morgen wieder richtig herum liegen. Natürlich hat das nicht funktioniert. Aber seltsam genug, Gottes Antwort war wirklich ein Ja, denn vierundzwanzig Stunden später traf ich den Mann, den ich später heiratete. Zur Hochzeit schenkte mir meine beste Freundin ein Schild mit der Aufschrift: »Gott schenkt denen das Beste, die ihm die Auswahl überlassen.«

MARY LEE MOYNAN

Wenn du deine tägliche Aufgabe mit Fleiß erfüllt hast, gehe in Frieden schlafen. Gott ist wach.
VICTOR HUGO

143

Mein Freund zeigte mir im Garten sein Frühbeet und sagte: »Und hier sprießt schon der Kohl.« Ich sah nichts als trockene Erde. »Du meinst, hier wird der Kohl bald wachsen?«

»Nein, sieh dort«, sagte er, »er ist schon gesprossen.« Ich hockte mich hin, um den Boden genauer zu untersuchen, sah aber weiterhin nur kleine Steinchen und staubiges Erdreich. »Schau«, sagte er, »hier vor deiner Nase.« Und da waren sie, leuchtend grüne Keimlinge, die sich gegen den dunklen Erdboden abhoben. Plötzlich konnte ich dort, wo ich eben noch nichts wahrgenommen hatte, fünfzig Keimlinge in einer Reihe sehen. Manchmal brauchen wir ein Augenpaar mehr, um das zu sehen, was direkt vor uns liegt.

ANNE CONNER

Dankbarkeit ist der Schlüssel zur Fülle des Lebens.
Aus Verleugnen wird Akzeptieren,
aus Chaos wird Ordnung, aus Verwirrung wird Klarheit.
MELODY BEATTIE

144

Sein kurzes, qualvolles Leben war gekennzeichnet durch wiederholte Einlieferungen in die Notaufnahme, um unerklärbare und zweifelhafte Verletzungen zu behandeln, die sich schon gar nicht mehr zählen ließen. Die verantwortlichen Erwachsenen, die eigentlich dafür da sein sollten, ihrem Kind Liebe zu geben, hatten ihre eigenen Gefühlsausbrüche und Frustrationen nicht im Griff. Er hätte nicht durch das soziale Netz fallen dürfen, aber in unserer unvollkommenen Welt war genau das geschehen. Der geschundene, verletzte Junge erlebte Momente des Trostes und der Sicherheit, als er in das nächste Leben überging, umgeben von der Liebe, die er in diesem Leben so dringend gebraucht und verdient hätte. Sei jeden Tag für einen anderen Menschen eine Quelle der Liebe und des Trostes.

LAURA HAYES LAGANA

*Der Hunger nach Liebe ist schwerer
zu stillen als der Hunger nach Brot.*
MUTTER TERESA

145

Ich war die Tochter, die ein »Riesenpotenzial« hatte, wie meine Mutter zu sagen pflegte. Ich benutzte dieses Potenzial, um meine Drogensucht zu verbergen, eine Lüge zu leben und mich vor dem Tag zu fürchten, an dem mein furchtbares Geheimnis in aller Munde war.
Dies alles ist nun schon über sieben Jahre her. Die Liebe und die Ermutigung von Seiten meiner Angehörigen hatten nie aufgehört, und heute bin ich fest in meiner Familie verwurzelt. Ich habe ein Zuhause. Ich habe eine wunderbare Arbeit und bin in meiner Kirche und Gemeinde aktiv. Meine Beziehung zu meinem vierzehnjährigen Sohn ist wunderschön. Ich bin da, um ihn anzuleiten, ihn zu lieben und ein Licht in seiner Welt zu sein. Meine Mutter hatte doch Recht – ich habe Potenzial und lebe es jeden Tag auf dem Weg meiner Genesung.

TRACEY W. LEE

Wenn du kein gutes Beispiel sein kannst,
dann sei wenigstens eine abschreckende Warnung.
CATHERINE AIRD

146

»Jetzt geht das schon wieder los!« – diese Worte kündigen die Tränen an, die mir kommen, wenn ich über etwas spreche, das mir sehr am Herzen liegt, zum Beispiel einem jungen Menschen aus einem zerrütteten Elternhaus zu helfen. Jahrelang habe ich keine tiefen Gefühle gezeigt, um weder den Schmerz zu fühlen, noch die Kontrolle über mich zu verlieren und zu weinen. Irgendwann habe ich jedoch erkannt, wie wichtig es ist, seine wahren Gefühle auszudrücken. Inzwischen rühren mich eher Mut und Stärke als Schwäche und Angst zu Tränen. Ich drücke meine tiefen Gefühle aus. Wenn ich weine, spüren andere hoffentlich den Wert meiner Tränen. Vielleicht spüren sie auch den Wert ihrer eigenen Tränen.

GEORGE H. MOFFETT

Je öfter man einem Gefühl nicht die entsprechende
Handlung folgen lässt, desto weniger wird man
in der Lage sein zu handeln. Und auf Dauer wird man
immer weniger fühlen.

C. S. LEWIS

147

Als Sarah verkündete: »Ich habe endlich das Lied, das auf meiner Hochzeit gespielt werden soll, wenn der Vater mit der Tochter tanzt«, war Mina geschockt. Sarahs Vater war behindert und saß im Rollstuhl, aber Sarah bestand darauf, zusammen mit ihm zu tanzen.
Als die Musikkapelle am Hochzeitsabend Sarahs Lied zu spielen begann, betete Mina, dass alles gut ausgehen möge. Sarah umarmte ihren Vater und nahm die Griffe seines Rollstuhls. Langsam kreisten sie über die Tanzfläche und achteten nicht auf die Menge, die Tränen in den Augen hatte. Eine entschlossene Sarah erfüllte sich ihren Traum, und Mina lernte eine wichtige Lektion. Nichts ist unmöglich, wenn man an seinem Traum festhält.
MYRNA BETH LAMBERT

Jeder Mann kann Vater sein,
aber nicht jeder ein guter Papa.
ANNE GEDDES

148

Mein Leben ist eine Symphonie, die ich komponiere. Sie kann wunderbar und wohlklingend sein oder aber schräg und voller Misstöne. Das Festhalten an Verlust und Enttäuschung bringt solche Misstöne ins Spiel. Meine Seele zieht sich zusammen, und mir fehlt die Luft, um meinem Instrument auch nur einen einzigen klaren Ton zu entlocken. Wenn ich stattdessen mit dankbarem Herzen das Gute wahrnehme, wird aus einer Tragödie eine wichtige Erfahrung, Enttäuschungen werden zu Gelegenheiten, und Misstöne weichen der Harmonie. Die Musik meines Lebens ermutigt die Herzen anderer, zur Ruhe zu kommen und zu heilen, und bewirkt auch in mir eine Genesung.

RHONDA BRUNEA

Manchmal ist es die Aufgabe des Künstlers, herauszufinden, wie viel Musik er noch mit dem machen kann, was übrig geblieben ist.

ITZHAK PERLMAN

149

Heute ist heute. Heute ist nicht gestern, und Sie werden nicht von den Fehlern zermalmt, die Sie gemacht haben. Heute ist nicht morgen, die Zukunft wird immer außerhalb unserer Reichweite sein. Aber Sie können die Gegenwart nutzen. Sie können sich ihr stellen und sich mit ihr auseinandersetzen. Sie können sich an dem Geschenk erfreuen, das sie darstellt. Packen Sie dieses Geschenk mit dem Ernst eines fünfjährigen Kindes am Heiligabend aus. Nehmen Sie die Schleife ab, öffnen Sie das Geschenkpapier, und danken Sie dem, der Ihnen heute dieses Geschenk gemacht hat.

SHARON SIEPEL

Bete nicht für ein einfaches Leben. Bete dafür,
stärker zu sein. Bete nicht für Aufgaben,
die deinen Kräften entsprechen,
bete für die Kräfte,
die du für deine Aufgaben brauchst.

PHILLIPS BROOKS

150

Wenn mir jemand vor zehn Jahren erzählt hätte, dass ich meinen Traum leben und jeden Tag schreiben und malen würde, glücklich verheiratet und erfüllt, hätte ich ihn für verrückt erklärt. Aber so ist es gekommen. Manchmal ist das Leben sehr hart, und man ist irgendwann an seinem Tiefpunkt angelangt. Man kann nichts anderes tun, als die Situation auszuhalten, nach oben zu schauen, wo das Licht ist, und sich zu wünschen, dass es einen Ausweg gibt. Ich bin der lebende Beweis dafür, dass das Leben sich tatsächlich zum Besseren wenden kann. Es gab viele Momente, in denen ich dachte, dass dies nie und nimmer geschehen würde, aber kleine Erfolge verwandeln sich in größere.

ANNE TILLER SLATES

Ihr seht und sagt: Warum?
Ich aber träume und sage: Warum nicht?
GEORGE BERNARD SHAW

151

Die ganze Welt hat offenbar ein Problem mit der Zeit. Kinder können es nicht abwarten, erwachsen zu sein. Erwachsene wünschen sich, dass die Zeit nicht so schnell vergeht. Ältere Menschen sehnen sich nach der guten alten Zeit. Niemand scheint die gegenwärtige Lebensphase zu genießen. Statt wirklich jeden Tag in der Gegenwart zu stehen, leben viele mit der Schuld der Vergangenheit oder in der Angst vor der Zukunft.

Das Heute ist die Zeit, zu lieben, zu lachen, zu ermutigen, freundlich zu sein und die Zaghaften aufzumuntern. Es ist die Zeit, eine gute Erinnerung zu hinterlassen, »Ich liebe dich« zu sagen und Fehler zu vergeben. Heute können Sie der Person Ihre Wertschätzung ausdrücken, die Sie schon lange bewundern. Heute können Sie sich großartig amüsieren.

JOAN CLAYTON

... und ich möchte Sie, so gut ich es kann, bitten ...,
Geduld zu haben gegen alles Ungelöste in
Ihrem Herzen und zu versuchen, die Fragen selbst
liebzuhaben wie verschlossene Stuben und wie Bücher,
die in einer sehr fremden Sprache geschrieben sind.

RAINER MARIA RILKE

152

Zu grübeln und sich den Kopf zu zerbrechen schwächt Sie. Wenn negative Gedanken Besitz von Ihnen ergreifen, sollten Sie diese urteilsfrei beobachten, denn dann werden sie ihren Griff lockern. Bleiben Sie heiter, und lernen Sie, mit Ihren eigenen Schwächen umzugehen. Sobald Sie negative Gedanken aus Ihrem Kopf verbannen, haben diese keinen Einfluss mehr auf Sie. Dann können Sie sich ohne Schwierigkeiten mit ihnen befassen.

BRAHMA KUMARIS WORLD SPIRITUAL UNIVERSITY

Das Geheimnis des Erfolgs liegt darin,
an den Zielen festzuhalten,
die Sie sich gesteckt haben,
aber gleichzeitig flexibel zu entscheiden,
auf welche Weise Sie sie verwirklichen.

BRAHMA KUMARIS

153

Lachen offenbart ein kindliches Vertrauen, dass alles gut wird. Aber im gegenwärtigen Moment scheint nicht alles zum Besten zu stehen. Um die Dinge ist es nicht so bestellt, wie ich es mir wünschen würde. Indem ich jedoch daran glaube, dass meine Höhere Kraft das Heft in der Hand hat, kann ich mein Herz mit der heilenden Nahrung des Lachens stärken, während ich das anpacke, was gerade getan werden kann.

RHONDA BRUNEA

Wenn ich die ängstliche Anspannung, die ich Tag und Nacht habe, nicht immer wieder mit einem Lachen durchbräche, würde ich sterben.

ABRAHAM LINCOLN

154

Vergessen Sie heute Morgen alle Sorgen und Ängste, und öffnen Sie sich dem, was Ihnen der Tag bringen wird. Schauen Sie sich Ihre Termine an, und geben Sie sich mehr Zeit. Prüfen Sie Ihre Wünsche und Bedürfnisse, und erlauben Sie es sich, nicht perfekt zu sein. Die größte Hürde in Ihrem Leben haben Sie genommen, und jetzt müssen Sie sich einen neuen Rahmen stecken. Schauen Sie dabei nach innen, und bringen Sie neuen Schwung in Ihr Denken. Nehmen Sie sich Zeit für die ruhige Reflexion. Wenn Sie zuversichtlich und motiviert sind, stärken Sie Ihre Überlebensqualitäten. Sie standen Ihnen immer zur Verfügung, aber jetzt müssen sie erneut aktiviert werden. Beglückwünschen Sie sich, und tauchen Sie in Ihren ruhigen Bewusstseinszustand ein.

SUZANNE BAGINSKIE

Das höchste Glück kommt aus dem eigenen Innern.
Es erfordert Besinnung,
Kontemplation und Selbstdisziplin.

WILLIAM L. SHIRER

155

Ich entscheide mich dafür, kein Opfer der Umstände zu sein. Ich lasse es nicht zu, dass die Angst mich davon abhält, meine Chance zu nutzen. Ich weiß, dass es auf dem Weg zu meinem Ziel auf Geduld und Ausdauer ankommt. Selbst wenn ich auf Hindernisse stoße, halte ich an meinem Traum fest. Der Glaube an Gott gibt mir innere Stärke. Ich akzeptiere, dass ich manchmal Hilfe von anderen brauche. Wenn ich an einem Tag nicht alles schaffe, was ich mir vorgenommen habe, dann erledige ich es am nächsten Tag umso schneller. Jeder fängt einmal klein an, und ich erkenne in mir und in anderen das Potenzial zum Erfolg.

TERI MITCHELL

Wenn du eine kleine Sache gut gemacht hast,
kannst du darauf vertrauen,
auch eine größere Sache zu schaffen.

JOSEPH STOREY

156

An einem eiskalten Abend sollte sich mein Leben für immer verändern. Ich saß im Auto und ließ den Motor laufen, um es warm zu haben. Ich wartete auf meinen Sohn, der bei dem Treffen der Anonymen Alkoholiker war, zu dessen Teilnahme ihn das Gericht verpflichtet hatte. Eine junge Frau klopfte an mein Fenster. »Warum kommen Sie nicht mit rein und trinken eine Tasse Kaffee mit uns?«
Ich stieg aus, und wir gingen in den Saal. Das Thema war »Distanziertheit«. Ich hatte keine Ahnung, was damit gemeint war, aber als ich zuhörte, überkam mich ein überwältigendes Gefühl von Zugehörigkeit. Ich war nicht allein. Ich war nicht verrückt.
Mein Sohn ist heute ein erwachsener Mann und trocken, aber ich gehe immer noch zu Al-Anon, den Familiengruppen für Angehörige und Freunde von Alkoholikern. Es geht dabei nicht um meinen Sohn, sondern um mich. Manchmal bringe ich beides durcheinander, und dann muss ich mir auf die Sprünge helfen, um den Unterschied zu erkennen.

CAROL DAVIS GUSTKE

*Sich selbst zu überzeugen bedeutet noch nicht,
die Auseinandersetzung für sich zu entscheiden.*
ROBERT HALF

157

Oft ist es nicht leicht, das Geschenk der Freundschaft auch anzunehmen. Ich frage mich dann: »Ist an der Sache ein Haken? Was ist das Motiv der Person?« Ich muss noch lernen, freudig entgegenzunehmen, was mir angeboten wird. Ich kann mir die Person, die angebotene Freundschaft und das, was jemand sagt, genau anschauen. Eine Freundschaft langsam und vorsichtig aufzubauen kann mir dabei helfen, anderen zu vertrauen. Vielleicht gibt es welche, die versuchen, mich auszunutzen, daher brauche ich Zeit, um das Angebot zu prüfen. Vorsicht und Geduld helfen mir dabei.

LINDA MYERS-SOWELL

Es ist eine größere Schande,
den eigenen Freunden nicht zu vertrauen,
als von ihnen betrogen zu werden.
LA ROCHEFOUCAULD

158

Ich muss nicht mehr jedem beweisen, dass ich ein braves Mädchen bin. Ich warte nicht darauf, gerettet oder erlöst zu werden. Ich brauche von niemandem die Zustimmung, so zu sein, wie ich bin. Ich lerne, mich nicht wie ein Kind zu verhalten. Die Quelle für mein Selbstwertgefühl liegt in mir; es hängt nicht von der Gnade anderer Menschen ab. Ich bin fähig, die normalen Reibungen im täglichen Leben realistisch zu sehen und sie nicht als Beweis dafür heranzuziehen, dass ich zurückgewiesen und nicht geliebt werde. Als Zeichen meiner Autonomie respektiere ich das Bedürfnis anderer Menschen, ihren eigenen Interessen zu folgen, sich manchmal zurückzuziehen oder mit Dingen beschäftigt zu sein, die nichts mit mir zu tun haben. Ich bin reifer geworden und genieße meine Unabhängigkeit.

ROKELLE LERNER

Es gibt keinen Fehler – nur den,
es nicht noch einmal zu versuchen.
ELBERT HUBBARD

159

Oft tritt etwas nur in Erscheinung, weil etwas anderes fehlt. So ist Dunkelheit nichts anderes als das Fehlen von Licht, Trauer das Fehlen von Freude, Hass das Fehlen von Liebe, Mangel das Fehlen von Überfluss. Gott mangelt es an nichts. Lass dich auf Überfluss und Fülle ein.

Heute verabschiede ich mich von alten Gedanken, Mustern und Gewohnheiten, die mein Leben behindern. Ich öffne mich vollständig und rückhaltlos der göttlichen Fülle in allen Bereichen meines Daseins.

JEFFREY R. ANDERSON

Wenn wir aus Mitgefühl und Liebe teilen, schaffen wir Überfluss und Glück für alle.
DEEPAK CHOPRA

160

Autos rosten. Das Rosten wird irgendwo unter der Oberfläche seinen Anfang nehmen. Dann tauchen plötzlich diese Rostflecken im Lack auf. Wenn das erst passiert ist, geht alles ganz schnell. Erst eine Stelle, dann viele Stellen, und schließlich überzieht der Rost eine größere Fläche. Mit den Süchtigen ist es ebenso.

Man kann sich kaum daran erinnern, wie rostige Autos einmal im Neuzustand ausgesehen haben. Ihr desolater Anblick löscht die Erinnerung an den einstigen Glanz aus. Man muss seine Vorstellungskraft schon sehr bemühen, um sich ihr ursprüngliches Aussehen wieder vor Augen zu führen. Mit den Alkoholikern ist es ebenso.

Alte Autos sehen innen wie außen gleich abgenutzt aus, aber sie erfüllen immer noch ihren Zweck. Man behandelt sie mit Respekt, sie wachsen einem ans Herz, und selbst ihre häufigen Aussetzer werden verständnisvoll zur Kenntnis genommen. Das Gleiche gilt für Süchtige und Alkoholiker.

JOSEPH R. CRUSE

Mut ist eine Eigenschaft, die so wichtig dafür ist,
rechtschaffen zu bleiben,
dass sie immer respektiert wird.

SAMUEL JOHNSON

161

Trotz des Wunders, das sich in meinem Leben ereignet hat, bleibt die Genesung ein Prozess täglicher Einzelschritte. Er begann mit der überwältigenden Kraft, zu vergeben, und wird nun durch ein dankbares und stets reuiges Herz getragen.

Wunder ereignen sich tatsächlich. Suchende werden geheilt. Ein Leben kann sich auf immer verändern. Genesung ist nicht nur ein Weg, sondern auch ein guter Grund.

REVEREND ED DONNALLY

Erst der Glaube an etwas und die Begeisterungsfähigkeit für etwas machen das Leben lebenswert.

OLIVER WENDELL HOLMES

162

Jeder Tag gibt mir die Möglichkeit, neue Entscheidungen zu treffen. Manchmal wirft meine Vergangenheit einen Schatten auf die Gegenwart. Ein frischer Blick, eine neue innere Einstellung und die Entschlossenheit, die alten Lasten über Bord zu werfen, erleichtern den Weg der Genesung. Ich lerne, Hindernisse zu umgehen oder über sie hinwegzusteigen und mich durch alles hindurchzuboxen, was den Weg zum Erfolg versperrt. Wenn ich zu viel zurückschaue, sehe ich weder die Stolpersteine vor mir auf meinem Weg noch die neuen Pläne für meine Zukunft. Ich freue mich auf morgen. Der beste Teil meines Lebens liegt vielleicht noch vor mir.

VALERIE FROST

Ziele geben dir nicht nur einen Grund,
morgens aufzustehen; sie sind auch der Anreiz,
der dich den ganzen Tag über in Bewegung hält.
HARVEY MACKAY

163

Wenn ich in einer bestimmten Situation wütend bin, kann es für mich ein Schutz sein und mir helfen, meine Gefühle bewusst wahrzunehmen. In der Vergangenheit habe ich meine Wut unterdrückt, und ich konnte nicht mehr angemessen auf bestimmte Situationen reagieren, weil ich meine Gefühle verleugnet habe, bevor sie mir überhaupt bewusst waren. Heute erlaube ich mir, negative Gefühle zu haben, achte aber darauf, dass sie mich nicht kontrollieren. Ich lasse es nicht zu, dass die Gefühle mich überwältigen und zu blinden Reaktionen zwingen. Meine Wut zeigt mir lediglich, dass etwas nicht in Ordnung ist, so dass ich mir und anderen gegenüber ehrlich sein kann.

TIAN DAYTON

Wer wütend ist, beruhigt sich auch wieder.
GRIECHISCHES SPRICHWORT

164

Erst als ich mit dem Versuch aufhörte, über den Tod meiner Mutter hinwegzukommen, fing meine Heilung wirklich an. Manchmal können wir die Person nicht heilen, die wir gewesen sind. Indem wir unsere neue Rolle akzeptieren, wächst in uns die Fähigkeit, unser Leben mit neuen Hoffnungen und neuen Zielen weiterzuführen.

ELVA STOELERS

Gott gebe mir die Gelassenheit, Dinge hinnehmen,
die ich nicht ändern kann, den Mut,
Dinge zu ändern, die ich ändern kann,
und die Weisheit, das eine vom anderen
zu unterscheiden.

REINHOLD NIEBUHR

165

Leugnen Sie nicht die Trauer; tun Sie nicht so, als würde sie nicht existieren. Machen Sie sich einfach bewusst, dass aus Trauer Hoffnung erwächst, die unsere innere Stärke nährt. Hoffnung ist Heilung, die Überwindung unserer Probleme und Schmerzen. Hoffnung ruht in der Beharrlichkeit und Ausdauer im Angesicht von Missgeschick und Elend. Hoffnung ist einfach überall. Wir hoffen auf unsere Heilung und heilen durch unsere Hoffnung, denn manchmal haben wir nur noch sie.

ELIZABETH BATT

Die Dinge laufen niemals so gut,
dass man keine Angst haben müsste,
und niemals so schlecht,
dass man keine Hoffnung haben sollte.

TÜRKISCHES SPRICHWORT

166

Unser kleines Mädchen hatte seinen tapferen fünfmonatigen Kampf gegen einen Hirntumor nur wenige Wochen vor ihrem Geburtstag verloren – ein Tag, der so passend mit viel Regen begann. Ich verkroch mich. Die Tränen und die vielen Fragen schienen kein Ende zu nehmen, aber es gab keine Antworten. Plötzlich kam die Sonne hervor und schien strahlend durch das Fenster. Ich entdeckte in den Balken der Veranda das Nest des Schneefinken und sah, dass der Vogel es mit seinem Herumflattern wohl beschützen wollte. Und als der Muttervogel zum dritten Mal herabstieß, sagte ich laut, um ihn zu beruhigen: »Mama Vogel, mach dir keine Sorgen, deine Babys sind in Sicherheit.« Die Worte hallten in meinem Herzen wider, als hätte Gott sie gesprochen. Ich weinte. Aber dieses Mal waren es Tränen anderer Art; es waren Tränen der Freude.

LORETTA MCCANN BJORVIK

Ich bin mir sicher, dass Lachen das einzige Heilmittel für Kummer ist und dass Liebe den Tod besiegt.
ROBERT FULGHUM

167

Meine ganze Kindheit über träumte ich immer wieder von einem friedlichen gelben Zimmer, in dem ich saß und wartete. Zwanzig Jahre lang dachte ich, dass dieses kleine gelbe Zimmer irgendein abstrakter Abwehrmechanismus wäre, um meine Psyche vor den Schrecken sexuellen Missbrauchs in der Kindheit zu schützen – ein Missbrauch, der mein Vertrauen zerstört hatte, selbst das in Gott.

Meine Beziehung zu Gott veränderte sich durch die Arbeit mit den »Zwölf Schritten«. Ich verbarg mich in dem kleinen gelben Zimmer und weiß inzwischen, dass Gott es liebevoll für mich gebaut hat. Schließlich war Jesus ein Zimmermann. Er nahm Hammer und Nägel, ein paar Rigipsplatten und einen Eimer gelber Farbe, die an den hellen Sonnenschein an einem Sommermorgen erinnert, und schuf einen sicheren Ort, an dem ich warten konnte.

SHANNON

Solange ein Mensch sich selbst treu bleibt,
scheint ihm alles die Treue zu halten.
RALPH WALDO EMERSON

168

Mit zehn wurde ich Mitglied einer Straßengang und stieg in den Rang eines Anführers auf. Wie vorherzusehen war, brachte mich eine Latte von Straftaten ins Gefängnis. Dort stellte ich mich meinen Süchten und warf einen ehrlichen Blick auf die Entscheidungen, die ich in meinem bisherigen Leben getroffen hatte. Meine Wiedereingliederung in die Gesellschaft begann mit einem längeren stationären Therapieprogramm gegen Drogensucht, das im Gefängnis stattfand. Ich bin nun seit zwanzig Jahren clean und erhielt unter achttausend Suchtberatern eine Auszeichnung als »Berater des Jahres«. Meine Arbeit füllt mich aus, und ich habe das Gefühl, im Leben der Menschen, die ich erreiche, etwas bewirken zu können. Niemand kennt das Potenzial, das in allen ruht, die unsere Wege kreuzen.

BENNETH LEE,
WIE ES MARK SANDERS ERZÄHLT WURDE

*Ein taufrisches Spinnennetz,
in aller Stille gesponnen, verkündet:
»Meine Form ist einzigartig!«*
RACHEL BLEVINS

169

Lassen Sie es nicht zu, dass Ihr Ego Sie so manipuliert, dass Sie glauben, es käme auf das materielle oder physische Leben an. Lassen Sie immer Ihre Höhere Kraft entscheiden, was in Ihrem Leben wichtig ist. Der Weg des Ego führt in die Leere, aber wenn Sie dem Weg Ihrer Höheren Kraft folgen, werden Sie stets erfüllt sein. Folgen Sie daher heute Ihrer Höhere Kraft und nicht dem, was Ihr Ego fordert. Diese Entscheidung zwischen dem Ego und der Höheren Kraft ist das Geschenk der Genesung.

RICK SINGER

*Ein Egoist ist jemand,
der in seinem eigenen Leben
eine zu große Rolle spielt.*
DAN BENNETT

170

Die Werturteile anderer abzuschütteln ist wie Gewicht verlieren – es geschieht nicht auf einmal. Vielleicht nehmen Sie wieder ein paar Pfunde zu, bevor Sie schließlich dort sind, wo Sie sein wollen. Genau wie der verlockende Schokoladenkuchen in der hintersten Ecke des Kühlschranks warten manche Menschen nur darauf, Ihnen Reue- und ein Schamgefühl zu vermitteln. Wenn Sie stark sind und die Urteile der anderen nicht übernehmen, fühlen Sie sich leichter und strahlender und sind zu vielen Dingen fähig, die Sie noch niemals getan haben. Es ist nicht leicht, die Urteile anderer zu ignorieren, Sie müssen es sich bewusst vornehmen. Und manchmal brauchen Sie nur den Kühlschrank aufzuräumen.

CARLA EDMISTEN

Es stimmt nicht, dass manche Menschen Willenskraft haben und andere nicht.
Vielmehr besitzen manche Menschen die Bereitschaft für eine Veränderung und andere nicht.

JAMES GORDON

171

Sobald die Dinge scheinbar zu gut liefen, fing ich wieder an, mich selbst zu sabotieren. Schließlich bedrängten mich meine Frau und meine Freunde, eine Checkliste auszufüllen, die ich oft bei meinen Klienten benutze, um die geeignete Form der Behandlung herauszufinden. Ich tat es, um alle Lügen zu strafen, aber selbst mit meinem Hintergrund als Arzt trafen mich die hochkommenden Erinnerungen an sexuellen Missbrauch völlig unvorbereitet. Als sich meine Vergangenheit immer klarer abzeichnete, gab es Zeiten, da wollte ich alles leugnen. Doch meine Erinnerungen bestätigten sich in jeder Hinsicht. Ich bin als Mann zwar hart im Nehmen, aber ohne mein Vertrauen in Gott und das Vertrauen meiner Frau in mich hätte ich das alles nicht ausgehalten. Mein Leben hat nun angefangen, Sinn zu haben.

Stuart Brantley

Wer keine neuen Rezepte anwendet,
muss auf neue Übel gefasst sein,
denn die Zeit ist die größte Erneuerin.
Francis Bacon

172

Irgendwann fiel es mir wie Schuppen von den Augen, und ich erkannte, dass ich die falsche Einstellung zum Geld hatte. Wie alle Dinge gehört auch mein Geld meiner Höheren Kraft. Ich bin nur dafür verantwortlich, dass es auch in die richtigen Kanäle fließt.

SALA DAYO

*Wenn Geld das Einzige ist, was ein Mann macht,
dann ist er arm dran – arm in Bezug auf Glück
und alles, was das Leben lebenswert macht.*

HERBERT N. CASSON

173

Die Wahrheit muss nicht bewiesen werden. Es tun zu wollen zeigt nur die eigene Beschränktheit. Die Wahrheit wird sich immer im passenden Moment und in der richtigen Situation offenbaren. Sie müssen nur sich selbst gegenüber ehrlich sein. Achten Sie darauf, dass Ihre Gedanken, Worte oder Handlungen der Situation dienen, in der Sie sich befinden. Sich auf seinen eigenen Anteil zu konzentrieren ist sinnvoller, als andere zu bewerten und zu verurteilen.

BRAHMA KUMARIS WORLD SPIRITUAL UNIVERSITY

Wenn Sie immer auf Ihre Integrität achten, werden Sie in allem, was Sie tun, Erfolg haben.

BRAHMA KUMARIS

174

Verwurzeln Sie sich tief, während Sie sich von dem nähren, was Ihnen der Eine gibt, der Sie am Leben erhält. Nähren Sie sich von den Worten, Werten und Beziehungen, an denen Sie sich in den Stürmen des Lebens festhalten können. Treffen Sie die richtigen Entscheidungen für die Zukunft, und lassen Sie die Extreme der Vergangenheit hinter sich. Genießen Sie den erfrischenden Regen der Vergebung, der jeden Tag vom Schmutz befreit. Wiegen Sie sich in sanften Brisen, beugen Sie sich im starken Wind, und erklimmen Sie die höchsten Höhen, während Sie den warmen Sonnenschein genießen.

AVA PENNINGTON

Das Leben ist so viel einfacher,
wenn es ein Zentrum, einen Sinn, eine Motivation,
eine Richtung und einen Zweck hat.

JEAN FLEMING

175

Im Moment zu leben bedeutet, innerlich dem Himmel nahe zu sein, beim Anblick von Not nicht wegzusehen, anderen Vertrauen und Liebe entgegenzubringen und damit Gott zu dienen – und dies alles nicht zu verpassen, weil man zu beschäftigt und schon wieder beim nächsten Moment ist.

KAREN HALL

Wir haben einen Moment lang innegehalten,
um uns gegenüberzutreten. Sich begegnen,
mitteilen, lieben. Es ist ein wertvoller Augenblick,
aber er geht vorüber. Es ist ein kleines Zwischenspiel
in der Ewigkeit.

DEEPAK CHOPRA

176

Die Hinterbliebenen geben sich nach einem Selbstmord oft die Schuld, aber ich tat es nicht. Ich weiß, dass die Entscheidungen, die mein Mann in seinem Leben getroffen hat, seine Entscheidungen waren, nicht meine. Aufgrund meines Glaubens an einen liebevollen, barmherzigen Gott und weil ich in meinem Leben viele schwierige Prüfungen durchmachen musste, habe ich zu überleben gelernt und die Wahl getroffen, gut zu überleben. Ich bin ganz und gar lebendig, so wie es in gewisser Weise auch mein verstorbener Mann noch ist. Er war jemand, der seine Familie liebte und nun nicht länger die Last einer Krankheit trägt, die ihn in ihren schrecklichen Klauen gehalten hat. Ich konzentriere mich immer nur auf den gegenwärtigen Tag, freue mich am Regen und an der Sonne, erdulde Eis und Schnee und die bitterkalten Winde – und empfinde Frieden.

ANN BEST

Sinnlos, sich dem in unsere Seele eingewobenen
Befehl zu widersetzen: Beweg dich! Beweg dich voran!
UNBEKANNT

177

Wir spielen in unserem Leben eine Vielzahl von Rollen, aber wir sollten uns nicht durch sie definieren. Eine Rolle hat immer etwas mit den Bedürfnissen anderer, mit ihren Erwartungen und Vorstellungen zu tun, die sich vielleicht nur wenig mit unseren eigenen decken. Dabei geht es auch um Besitzergreifung durch andere: *seine* Ehefrau, *ihr* Ehemann. Sein. Ihr. Ihre. Manchmal ist jedoch das »mein« wichtig: »Ich bin mein …, was?« Welche Rolle spiele ich für mich selbst? Wenn wir keine Antwort darauf haben, wird unsere eigene Existenz in Frage gestellt.

MARIBETH PITTMAN

Zu wissen, was man selbst will, statt das zu tun, was andere von einem verlangen, hält die Seele lebendig.
ROBERT LOUIS STEVENSON

178

Als ich vor vielen Jahren auf Entzug war, hilflos und ohne jede Hoffnung, erkannte ich die Bedeutung wahrer Liebe – ein trocken werdender Trinker kümmert sich um den anderen. Ich lernte dort, dass sich mein Leben in ungeahnter Weise verbessern würde, wenn ich bestimmte einfache Schritte unternähme. Diese Versprechungen sind meine Wirklichkeit geworden. Ich beobachte, wie sich die Abstinenz in meiner Psyche auf merkwürdige Weise subtil manifestiert. Es ist, als hätte ich die Chance bekommen, einen Teil meines Lebens noch einmal zu durchleben. Nur dass jedes Jahr nun noch angenehmer und freundlicher wird als das Jahr zuvor, und der Wandel sich so unauffällig vollzieht wie mein Herzschlag.

PETER WRIGHT

Wir gewinnen dazu, indem wir einfach unseren Weg gehen. Wenn wir darauf warten, erst besser zu werden, bevor wir eine Entscheidung treffen, werden wir uns niemals von der Stelle bewegen.

PAULO COELHO

179

Auf dem Weg zu einem Wochenend-Workshop zum Thema Genesung hörten meine Kinder das Wort »Crackpot« (Irrer) im Autoradio und begannen sofort, Witze damit zu machen: »Du Crackpot!« Ich konzentrierte mich darauf, meine Höhere Kraft zu spüren, und fühlte eine große Dankbarkeit, die Kinder zu haben. Das Ende einer Beziehung lastete schwer auf mir, und daher hatte ich mir für das Wochenende vorgenommen, mich mit dem emotionalen Schmerz nach dem Scheitern meiner Traumromanze auseinanderzusetzen.

In einem köstlichen Moment erzählte der letzte Vortragende auf dem Workshop eine Zen-Geschichte. Darin ging es um ein Erblühen, das möglich wurde, als Wasser aus einem »cracked pot« (zerbrochenen Gefäß) heraustropfte. Als ich diese Worte hörte, schwang etwas tief in meiner Seele mit, und auf dem Heimweg spürte ich, wie mein Herz heilte. Ich fühlte die Freude, die die Genesung in mein Leben bringt.

PAMELA KNIGHT

*Zufälle treten dann auf, wenn Gott es vorzieht,
anonym zu bleiben.*
UNBEKANNT

180

Je mehr ich über Essen weiß und je weniger mich die Esssucht im Griff hat, desto stärker fühle ich mich. Statt zu essen, gehe ich weniger schädlichen Vergnügungen nach: neue Vorhaben, neue Freundschaften, meine wiederentdeckte Kreativität. Ich kann physischen Hunger immer besser vom emotionalen Hunger unterscheiden und laufe dadurch weniger Gefahr, mir selbst etwas vorzumachen und zu glauben, dass ein gefüllter Bauch ein erfülltes Herz ersetzen kann.

DONNA LEBLANC

Erfahrung ist eine strenge Lehrerin,
weil zuerst die Prüfung kommt und
erst danach der Unterricht.

VERNON LAW

181

Hinter all ihrem Gekicher litt die achtjährige Amanda unter dem Abgleiten ihrer Mutter in den Alkoholismus und kämpfte dagegen an. Obwohl ihre Eltern getrennt lebten, akzeptierte ihr Vater die tiefe Verbindung, die Amanda zu ihrer Mutter hatte. Er ermutigte Amanda, die besondere Familiensituation zu verstehen und sie zu bewältigen. Amanda erkannte rasch, dass sie nicht die Einzige mit diesem Problem war, dass auch Millionen andere Kinder Eltern lieben, die süchtig nach Alkohol oder anderen Arten von Drogen sind. Sie war erleichtert, als sie begriff, dass Kinder ihre Eltern nicht zu Trinkern werden lassen und dass sie sie auch nicht dazu bringen können, mit dem Alkohol aufzuhören. Mit seiner liebevollen Handlungsweise und außergewöhnlichen Entschlossenheit machte der Vater seiner Kleinen das Geschenk, das man ihm als Kind verweigert hatte – einen sicheren Ort, wo Amanda wachsen, lernen und heilen konnte.

JERRY MOE

Macht es euch zum Grundsatz,
Menschen und Dinge
zu jeder Zeit und unter allen Umständen
im allergünstigsten Licht zu sehen.

HL. VINZENZ VON PAUL

182

Wenn wir die Dinge beim Namen nennen, hören wir auf, uns etwas vorzumachen. Wir schauen der Wahrheit ins Gesicht und beschönigen nicht mehr das, was wir sehen. In diesem Moment bekommt das Leben eine neue Perspektive, und wir fangen an zu verstehen. Erst wenn wir die Dinge beim Namen nennen, haben wir das Privileg, sie neu zu benennen.

BARBARA A. CROCE

Die Wahrheit beginnt dort, wo wir die Dinge beim Namen nennen.

CHINESISCHES SPRICHWORT

183

Mögen Sie mit jemandem gesegnet sein, der sich um Sie kümmert, Sie und Ihre Fehler akzeptiert und Sie beschützt. Jemand, der Sie ermuntert, an das Leben und an die eigenen Wünsche und Träume zu glauben, der Ihnen Stärke und Führung gibt und bis in alle Ewigkeit an Ihrer Seite ist.

STACEY CHILLEMI

Das merkwürdige Paradox besteht darin,
dass ich mich nur dann verändern kann,
wenn ich mich so akzeptiere, wie ich bin.
CARL ROGERS

184

Mit dem, was Sie gegenwärtig tun, legen Sie den Grundstein für die Zukunft. Jede Handlung wird in Ihrer Seele festgehalten. Diese Eindrücke formen letztlich Ihren Charakter und Ihr Schicksal. Wenn Sie dieses Prinzip verstehen, werden Sie mehr darauf achten, in allem Ihr Bestes zu geben. Reagieren Sie nicht nur; antworten Sie mehr auf andere. Indem Sie lernen, Ihrem Geist zu sagen, was er tun soll, werden sich alte Denk- und Verhaltensweisen verändern.

BRAHMA KUMARIS WORLD SPIRITUAL UNIVERSITY

Wenn das Leben Sie aus der Bahn wirft,
sollten Sie daran denken,
dass alles nur ein Spiel ist.

BRAHMA KUMARIS

185

Flüstern löst viele Probleme, denn man kann sich nicht streiten, wenn man flüstert. Man muss genau zuhören, um ein geflüstertes Wort zu verstehen. Woher ich das weiß? In den siebenundfünfzig Jahren, die ich schon verheiratet bin, schenkte mir das Geflüster meines Mannes in den frühen Morgenstunden schon unzählige Liebeserklärungen. Hinter einem Flüstern verbirgt sich Liebe, und Liebe triumphiert immer. Liebe setzt sich immer durch. Das nächste Missverständnis kann mit einem Flüstern enden. Flüstern Sie heute. Es wirkt immer.

JOAN CLAYTON

Frag dich, bevor du sprichst,
ob deine Worte freundlich, notwendig
und wahrhaftig sind
und ob es sich lohnt,
mit ihnen das Schweigen zu brechen.

SAI BABA

186

Ida war die Reinmachefrau und ich der Neuzugang. Während sie mein Zimmer sauber machte, fragte sie mich, warum ich eingeliefert worden sei. »Ich brauche etwas Ruhe und Erholung«, erwiderte ich. »Und mir sind ein bisschen die Nerven durchgegangen, weil ich meinen Ehering verloren habe. Ich versuche, mich zu beruhigen.«
»Sie müssen mit dem heiligen Antonius sprechen«, sagte sie. »Er hilft, Dinge wiederzufinden, wenn Sie ihn darum bitten.« Am nächsten Tag fragte sie mich, ob ich zu Antonius gebetet habe; ihr war es offensichtlich ernst mit ihrem Heiligen. Da ich jedoch weder mit Heiligen noch mit Gebeten vertraut war und mich aber auch nicht auf pures Glück verlassen konnte, schrieb ich ein Gedicht für den heiligen Antonius.
Als mein Mann Tage später die Garage aufräumte, kam er mit zitternden Händen ins Haus – und hatte meinen Ring. »Er fiel aus einer leeren Getränkekiste«, sagte er. Ich wusste nicht, ob der heilige Antonius von meinem Gedicht beeindruckt gewesen war. Ich wusste nur, dass Ida glaubte und mir beides auslieh, ihren Glauben und ihren Lieblingsheiligen.

CAROL J. BONOMO

Wir sind Engel mit nur einem Flügel;
um zu fliegen, müssen wir umarmt bleiben.
LUCIANO DE CRESCENZO

187

Die Genesung von einer Krankheit oder von einem schrecklichen Leiden des Herzens oder Geistes – von Alkoholismus, von Drogensucht oder von Misshandlung und Missbrauch – kann Narben hinterlassen, vermag aber nicht unseren Geist und unsere Seele zu zerstören. Dagegen können wir uns wehren. Es bedarf einer gewissen Tapferkeit, um sich den eigenen Schwächen, der eigenen Sterblichkeit sowie all jenen Dingen zu stellen, von denen wir heimgesucht werden können. Und darum geht es im Leben. Leben heißt, dass man zu jemandem steht und ihn auch in schwierigen Zeiten liebt, die Unterlegenen ermutigt, die Jungen belehrt. Und wir heilen uns gegenseitig auch durch eine einfache Berührung oder eine herzliche Umarmung – einer nach dem anderen.

Todd Outcalt

Finde eine Aufgabe im Leben, die so groß ist,
dass du in allen Bereichen dein Bestes geben musst.
David O. McKay

188

In seiner Kindheit und Jugend war das Elternhaus meines Mannes die »Partyzentrale«. Das ging so weit, dass die Nachbarn es nur den »Saufklub« nannten. Als Rick mich das erste Mal mit zu sich nach Hause nahm, um seine Mutter kennenzulernen, war sie so betrunken, dass sie vom Stuhl rutschte und ordinäre Dinge sagte. Ich war schockiert. Später erklärte er mir mit ruhigem Ton: »Habe ich es dir nicht gesagt? Meine Mutter ist ein Partygirl.« Er hätte auch sagen können, dass sie betrunken und eine Versagerin sei, aber er tat es nicht. Er akzeptierte sie so, wie sie war. Wenn ich höre, dass jemand sich über ein alkoholabhängiges Familienmitglied beschwert, sage ich ihm, was ich von meinem Mann gelernt habe: »Hör auf, sie verändern zu wollen, und versuch es mit etwas Mitgefühl. Es wird dich überraschen, wie friedvoll dein Dasein wird.«

CARLA RIEHL

Als ich meine eingebildete Macht über andere aufgab, sah ich auch mein eigenes Leben realistischer.
AL-ANON WORLD SERVICE

189

Je mehr ich lerne, desto mehr wird mir bewusst, wie wenig ich noch weiß. Das Leben ist voll von neuer und wunderbarer Information; überall Paradoxa und Verwirrung; jede neue Idee führt zu einer neuen Wahrheit, und es ist kein Ende abzusehen. In gewisser Hinsicht sind wir alle Schüler; wir lernen voneinander, und die Rolle des Lehrers und die des Schülers werden fortwährend ausgetauscht. Ich sehe dank meines nüchternen Zustands, wie viele wunderbare Dinge auf der Welt existieren – so viele interessante und faszinierende Orte, die man besuchen kann, so viele liebenswürdige und einfühlsame Menschen. Gott hat mir viel gegeben. Ich bin sehr dankbar darüber, in seinem Garten wachsen zu können.
REVEREND LEO BOOTH

Lehren heißt lernen.
JAPANISCHES SPRICHWORT

190

Letzten Frühling stieß ich unerwartet wieder auf das Kleid, das ich zum Abschlussball getragen und dann in der hintersten Ecke verstaut hatte. Mir schien, als ob ich ein schwaches Klappern von Knochen vernahm, als das magere Wesen, das sich einst zwischen den Falten aus Chiffon verborgen hatte, plötzlich sichtbar wurde. Nie hatte ich irgendjemandem gegenüber zugegeben, dass ich an Bulimie litt. Meine jugendlichen Töchter wussten nichts davon, auch meine Mutter nicht. Sie war gestorben, ohne mein Geheimnis zu kennen.

Als ich den weichen Stoff in meinem Schoß betrachtete, wurde mir klar, dass Essstörungen nie ganz verschwinden, sondern sich einfach nur nach ganz hinten in die Schränke verziehen und dort lauern. Doch jetzt, da das »Knochengestell« aus dem Schrank zum Vorschein gekommen ist, hoffe ich darauf, dass ich lernen kann, den Teenager, der das Kleid trug, zu akzeptieren und ihm vielleicht auch sein dunkles Geheimnis, das er verborgen hatte, zu verzeihen.

ELVA STOELERS

Die Wahrheit hat einen heilenden Effekt,
selbst wenn sie nicht ganz verstanden wird.
MARY BAKER EDDY

191

Im Laufe der Jahre habe ich meine Wut auf unterschiedlichste Weise unterdrückt – um mich nicht mit ihr auseinandersetzen zu müssen. Ich habe Kompetenz als Waffe benutzt und meine Macht ausgeübt, indem ich eine strenge Vorgesetzte wurde. Ich habe meinen Ärger mit Tabletten oder Essen unterdrückt und mich selbst und andere mit meinem irrationalen, zerstörerischen Verhalten verletzt. Mir war beigebracht worden, dass meine Wut verschwände, wenn ich mich einfach von ihr abtrennen würde. Heute weiß ich, dass ich meine Gefühle nicht rational beherrschen kann, wenn ich mich von ihnen abschneide. Ich bitte andere um Hilfe und Unterstützung und lerne, mit meinen Emotionen umzugehen, so dass meine Wut nicht länger mein Leben bestimmt.

ROKELLE LERNER

Du verscheuchst die Fliege nicht dadurch,
dass du wütend auf sie bist.

AFRIKANISCHES SPRICHWORT

192

Es ruft mich, wie ein ärgerlicher Vater sein Kind ruft. Ich will nicht gehen, kann mich aber auch nicht widersetzen. Es ist eine Sucht, meine Sucht. Es ist in meinem Blut und vernebelt mein Urteilsvermögen, aber nicht mein Herz. Dies ist mein Kampf, meine Schlacht, und ich werde siegen. Der Alkoholismus mag einen Krieg gegen mich führen, aber er wird mich nicht zu seinem Gefangenen machen. Wir sind in diesem Krieg nicht allein. Zusammen sind wir stark genug, um einen Feind zu überwinden, der es nicht mag, ignoriert zu werden. Tag für Tag, immer einen Schritt nach dem anderen.

RAQUEL M. STRAND

*Das Schicksal hängt nicht vom Zufall ab,
sondern von den Entscheidungen,
die du im Leben triffst.
Es wartet nicht auf dich,
sondern will aktiv gestaltet werden.*

WILLIAM JENNINGS BRYAN

193

Dass ich mich im Gefängnis wiederfand, war das Schlimmste und zugleich das Beste, was mir je passiert ist. Für das Gefängnissystem war ich nur eine Nummer, aber Carla, meine Beraterin im gerichtlich angeordneten Drogenentzugsprogramm, behandelte mich immer voller Respekt und Würde. Als ich schließlich das Gefängnis verlassen konnte, war ich mir sicher, dass ich diesen Teil meines Lebens ganz ausblenden würde. Das hat jedoch nicht so ganz funktioniert. In meinem Alltagsleben höre ich, wenn es mal schwierig wird, immer noch Carla mit ihrer warmen Stimme zu mir sagen: »Ich bin so stolz auf dich; du hast dir den Erfolg wirklich verdient.« Oder ich fühle ihre liebevolle Umarmung, als wäre sie meine Mutter. Man kann Engel überall treffen.

CHRISTINE LEARMONTH

*Ein echter Freund verbaut dir nie den Weg –
es sei denn, du bist gerade dabei unterzugehen.*

UNBEKANNT

194

Zu vergeben hat nichts mit Schwäche zu tun, sondern mit Freiheit und Stärke. Die Starken und Mutigen erkennen, dass sie um ihrer selbst willen vergeben müssen, und nicht wegen derer, die den Schmerz verursacht haben. Wenn man vergibt, sagt man: »Es liegt nicht in meinen Händen, mir Gerechtigkeit zu verschaffen. Ich überlasse es stattdessen dem Leben und dem Allmächtigen Gott, sich mit dir zu befassen.« Derjenige, der vergibt, wendet sich wieder dem Leben zu, nachdem er sich von den Ketten befreit hat, die ihn an die Verursacher des Schmerzes gefesselt hatten. Weder sie noch die Vergangenheit können ihm weiter Schmerz zufügen.
STEPHANIE ZIEBARTH

Sei freundlich und mitfühlend, denn jeder, den du triffst, kämpft eine große Schlacht.
PHILO VON ALEXANDRIA

195

Wenn wir aufhören, unsere Energie dazu zu benutzen, uns zu ärgern, anderen die Schuld zu geben und ihnen gegenüber verbittert zu sein, haben wir genug Kraft, uns um unsere eigenen Bedürfnisse zu kümmern. All die Gefühle zuzulassen, die in uns sind, und einem anderen zu vergeben ist ein Geschenk, das wir uns selbst machen. Es wird heitere Gelassenheit genannt.

SHARON WEGSCHEIDER-CRUSE

Die Schwachen können niemals vergeben.
Vergeben zu können ist eine Eigenschaft der Starken.

MAHATMA GANDHI

196

Der Prozess der Selbsttransformation ist kein Sprint über zehn Meter, sondern ein Langstreckenlauf. Geduld ist eine wichtige Voraussetzung zum Erfolg. Durch sie bleiben Sie ruhig und besonnen. Machen Sie also einen Schritt nach dem anderen. Selbstvertrauen zu haben bedeutet, sich gut zu kennen und zu wissen, dass man mit jeder Situation fertig werden kann. Tief in Ihrem Innern, in der Stille, finden Sie immer das, was Sie in einer bestimmten Notlage brauchen.

BRAHMA KUMARIS WORLD SPIRITUAL UNIVERSITY

*Die eigenen Fehler nicht zu wiederholen
ist eine Form des Fortschritts.*

BRAHMA KUMARIS

197

Heute werde ich etwas Neues lernen. Ich bin offen dafür, die alten Dinge aus einer neuen Perspektive zu betrachten. Ich durchbreche meine gewohnheitsmäßigen, ermüdenden Denkmuster, die mich immer wieder das Gleiche tun lassen. Wenn ich mich wirklich lebendig fühlen will, muss ich mich auf jeden neuen Tag vollständig einlassen. Mein Körper wird zwar immer älter, aber mein Gehirn kann jung und flexibel bleiben, indem es neue Dinge lernt.

TIAN DAYTON

*Jeder, der aufhört zu lernen, ist alt –
egal ob er zwanzig oder achtzig ist.
Jeder, der nicht aufhört zu lernen, bleibt jung.
Das Wichtigste im Leben ist,
seinen Geist jung zu halten.*

HENRY FORD

198

Manchmal will unser Körper nicht so, wie er sollte. Und falls unser Geist einmal nicht richtig will, ist die Welt voll von beherzten Menschen, die uns Mut machen können. Als ich sehr krank war, erhielt ich fast zwei Jahre lang intravenöse Behandlungen. Mitten in der Therapie verlor ich den Mut. Eines Tages war die Suche nach einer gesunden Vene für mich zu schmerzhaft. Ich stieß die Nadel weg und weinte. Ein kleines Mädchen, so um die zehn Jahre, das schon sein ganzes Leben lang gegen Krebs kämpfte, lächelte mich an und zog sein T-Shirt hoch. Die Kleine zeigte mir die Stelle an ihrem Bauch, wo sie eine Sonde eingepflanzt bekommen hatte, durch die sie ihre Medikamente erhielt. Dann legte sie ihre kleine, weiche Hand in meine und sagte: »Sie schaffen das schon.« Und sie hatte Recht.

NANCY BURKE

Zu wissen, dass man es ertragen kann,
macht einen stark, auch wenn es nicht leicht ist.
EMILY DICKINSON

199

Während einer traumatischen Phase in meinem Leben munterte ich mich jeden Tag dadurch auf, dass ich meine Dankbarkeit ausdrückte. Zuerst suchte ich die Anlässe dafür immer im Leben anderer. Ich war dankbar, dass meine Kinder gesund waren. Dann fing ich an, die positiven Dinge im eigenen Leben aufzuschreiben. Die Liste wuchs, und während sie immer länger wurde, verbesserte sich mein Gesundheitszustand zunehmend. Die Freude am Leben kehrte zurück. Ich bewunderte den Genius eines Schöpfers, der unseren Körper kreiert hat, die Komplexität des Atmungssystems und unsere so wunderbaren Herzen. Inzwischen kann ich nur noch darüber staunen, wie viele Wunder notwendig sind, um einen normalen, durchschnittlichen Tag möglich zu machen.

NANCY ECKERSON

Das Leben ist eine blanke Tafel.
Das Entscheidende ist, was du darauf schreibst.
CHRISTINE FRANKLAND

200

Es gab Zeiten, da glaubte ich, ich würde die Anspannung, den Stress, die ungelösten Probleme und unbefriedigenden Beziehungen nicht überleben. Inzwischen schaue ich zurück und weiß, dass ich alles überstanden habe. Ich halte mich aus angespannten Situationen heraus, indem ich mich nicht länger dafür verantwortlich fühle, andere Menschen und die Umstände zu verändern. Komischerweise macht sich eine heitere Gelassenheit breit, wenn ich Verantwortung nicht aus Angst vor Überverantwortlichkeit vermeide. Verantwortung und Überverantwortlichkeit zu trennen ist jetzt und für die Zukunft meine Aufgabe, und ich akzeptiere diese Lektion des Lebens. Ich bin bereit, mich damit auseinanderzusetzen, und ich fühle, wie ich in diesem Prozess eine größere Entschlossenheit und innere Stärke entwickle.

ROKELLE LERNER

Ich freue mich an dem, was ich erreicht habe,
und begrüße Hindernisse, denn sie fordern mich heraus.
OG MANDINO

201

Die Blumen sahen irgendwie seltsam und unnatürlich aus, als die Ladenbesitzerin sie aus der Versandschachtel nahm. Dünne Netze umspannten die größten Blüten und drückten sie nach innen zusammen wie kleine Zwangsjacken. Nachdem sie einen Platz für die Blumen freigemacht hatte, entfernte sie vorsichtig die Netze. Sobald die Blüten nicht mehr eingebunden waren, sprangen sie auf und zeigten ihre Schönheit und verbreiteten ihren himmlischen Duft.
Die Genesung entfernt die Netze, die mich daran hindern, die volle Blüte des Lebens zu genießen.

Rhonda Brunea

Eine einzige Rose kann mein Garten sein –
ein einziger Freund meine Welt.
Leo Buscaglia

202

Durch mein Küchenfenster beobachtete ich den Regen, der auf die Terrasse prasselte. Während ich mechanisch das Geschirr spülte, waren meine Gedanken bei den grauen Wolken und den Regentropfen, die an der Fensterscheibe herunterliefen. Die Trübheit des Tages schlug sich in meiner Stimmung nieder.
Meine Melancholie wurde durch ein Eichhörnchen unterbrochen, das auf einem brüchigen Ast unseres Apfelbaums hin und her hüpfte. Knapp außerhalb seiner Reichweite baumelte ein Apfel wie ein Weihnachtsbaumschmuck. Ich sah, wie das Eichhörnchen sein Gleichgewicht verlor, als es nach dem Apfel griff. Unerschrocken fand es wieder Halt und versuchte es aufs Neue. Der Ast schwang hin und her, und schließlich fiel der Apfel zu Boden, worauf sich das Eichhörnchen sofort nach unten stürzte. Wie durch Magie symbolisierten die Tropfen an meinem Fenster nun Hoffnung und Zuversicht.

ELVA STOELERS

Indem wir uns vor dem Leben verbeugen,
treten wir in eine spirituelle Beziehung mit der Welt.
ALBERT SCHWEITZER

203

Ängste halten meine Erinnerung in Schach. Wenn ich mich erinnere, zerbreche ich vielleicht in tausend Stücke. Dann wird mir klar, dass ich bereits zerbrochen bin. Wer war die Person, die verschwand, als der Missbrauch begann?
Ich finde ein Erinnerungsstück hier und eins dort und bringe die Erinnerungen in die richtige Reihenfolge. Während ich mich erinnere, erhält mein Leben wieder seine ursprüngliche Gestalt.

DARLENE FRANKLIN

Die Vergangenheit ist keine feste Größe.
Sie verändert sich dahingehend, wie wir das Geschehene
darstellen und interpretieren.

PETER BERGER

204

Es liegt an uns zu entscheiden, wie wir uns von einer Widrigkeit oder Tragödie in unserem Leben erholen. Es ist leicht, sich nach einem Verlust in die Opferrolle zu begeben und damit einen persönlichen Misserfolg, emotionale Schwierigkeiten oder Probleme im Umgang mit anderen Menschen zu entschuldigen.

Der Tod meiner Mutter, als ich achtzehn Jahre alt war, stellte für mich eine gewaltige Hürde dar. Ich traf die Entscheidung, mich wegen des Verlustes meiner Mutter nicht in eine Opferrolle zu begeben. Ich merkte sehr rasch, dass ich mich noch leerer fühlte als sonst, wenn ich auf Gott wütend war oder an ihm zweifelte. Daher beschloss ich, einen unerschütterlichen Glauben an ihn zu bewahren und seinem umfassenderen Ziel zu vertrauen. Heute ehre ich das Andenken meiner Mutter, indem ich die Person bin, zu der sie mich erzogen hat – diejenige, in die sie ihr Leben investiert hat.

LETITIA TRIMMER MEEKS

*Wie lang die Nacht auch sein mag,
die Morgendämmerung wird anbrechen.*
AFRIKANISCHES SPRICHWORT

205

Nur dieser Augenblick. Jetzt. Die Vergangenheit ist nur ein brüchiges Netz aus Bedauern und Erinnerung. Die Zukunft mit ihrer Freude und ihrem Schmerz muss sich erst noch manifestieren. Alles, was Sie wirklich berühren können, ist dieser Moment. Kosten Sie ihn daher vollständig aus. Riechen Sie das feuchte Gras. Lauschen Sie dem Lachen eines geliebten Menschen. Nehmen Sie sich die Zeit, genüsslich an Ihrem Kaffee zu nippen. Beobachten Sie den Sonnenuntergang, während Sie gemütlich in einem Sessel sitzen. Genießen Sie das Gute, und schätzen Sie das, was pur und echt ist. Wir können alles, was gestern gewesen ist, nicht horten, und wir können unsere Zeit nicht in der Zukunft verbringen. Wir können nur die Gegenwart wertschätzen.
RENEE HIXSON

Lebe nicht in der Vergangenheit und
träume nicht von der Zukunft, sondern konzentriere
den Geist auf den gegenwärtigen Moment.
BUDDHA

206

Unsere inneren Einstellungen machen uns krank. Ich sehe, dass meine negativen Einstellungen meinen Weg zur Genesung versperren. Das negative Denken und die destruktiven Einstellungen, die ich übernommen habe, als ich in einer gestörten Familie mit Suchtproblemen aufwuchs, bestimmen mich so lange, bis ich etwas tue, um sie zu verändern. Der Negativität einfach eine positive Sichtweise überzustülpen funktioniert nicht, denn dann ist nichts mehr authentisch. Mir muss bewusst sein, dass ich Probleme mit meiner inneren Einstellung habe und auf diesem Gebiet etwas zu tun ist, um geistig und emotional gesund zu werden. Das Problem zu erkennen, es laut vor anderen auszusprechen und dann loszulassen hilft enorm. Wenn ich Themen aus meiner Vergangenheit bearbeite, werde ich mich daran erinnern, dass ich meine Einstellungen ständig der momentanen Situation anpassen muss, um die gute Arbeit, die ich tue, auch weiterhin leisten zu können.

TIAN DAYTON

Lass dich vom Verstand führen.
GRIECHISCHES SPRICHWORT

207

Warum lassen wir unser emotionales Gleichgewicht von einem Partner zerstören, mit dem man niemals eine normale Beziehung führen kann? Kommt Ihnen das bekannt vor? Dann haben Sie wahrscheinlich auch schon einmal das Wort »co-abhängig« gehört. Es scheint, als machten wir uns mehr Gedanken um das Menü der nächsten Mahlzeit als um die Wahl unseres Lebenspartners. Ich aber hätte zum Beispiel als Vorspeise gern Romantik und Aufmerksamkeit, das Ganze mit einem Schuss Leidenschaft. Als Hauptgang dann bitte einen emotional stabilen, hingebungsvollen, verlässlichen, vertrauenswürdigen, rücksichtsvollen, rundum anständigen Kerl. Oh, und könnte ich dazu noch gute Kommunikationsfähigkeiten bekommen?

LINDA S. DAY

Schmeichle mir, und ich werde dir nicht glauben.
Kritisiere mich, und ich werde dich nicht mögen.
Lass mich links liegen, und ich werde dir das
nicht verzeihen. Ermutige mich, und ich werde dich
nicht vergessen.

WILLIAM ARTHUR WARD

208

Ein Teil von Ihnen ist vollkommen und rein. Er wird nicht von den unvollkommenen Charaktereigenschaften berührt, die Sie sich im Laufe Ihres Lebens in einer unvollkommenen Welt angeeignet haben. Dieser reine, heile Teil von Ihnen ist ein stilles und ewiges Reservoir. Zu ihm vorzudringen wird Ihnen unermessliches Glück bringen. Ihre physische Identität ist dagegen eine Welt begrenzter Gedanken, Gefühle und Rollen; sie ist weder Ihr innerer Frieden noch Ihre innere Stärke, die beide Ihre spirituelle Persönlichkeit ausmachen.

BRAHMA KUMARIS WORLD SPIRITUAL UNIVERSITY

Sie haben einen Schlüssel, mit dem Sie die direkte Verbindung zu Gott herstellen können – und dieser Schlüssel ist Selbstrespekt.

BRAHMA KUMARIS

209

Meine Lungen taten mir weh, als ich einen Pfad emporkletterte, der fast senkrecht zu verlaufen schien. Drei Stunden später erreichte ich den Gipfel. Nach Osten hin sah ich ein wunderschönes Tal mit einem smaragdfarbenen See, umgeben von schroffen Felsmassiven. Zur anderen Seite, nach Westen hin, gab es einen noch höheren Gipfel. Es schien unmöglich zu sein, ihn zu erreichen, aber wildentschlossen kletterte ich weiter. Als ich schließlich auf dem zweiten Gipfel war, blickte ich auf drei herrliche Täler von atemberaubender Schönheit. Ihr Anblick ist mir für immer ins Gedächtnis eingebrannt.
Geben Sie im Leben niemals auf, wenn es noch einen weiteren Gipfel zu erklimmen gibt. Der Lohn, ganz oben zu sein, lässt jede Qual auf dem Weg dorthin vergessen.

LINDA MEHUS-BARBER

Um erfolgreich zu sein, müssen wir zuerst daran glauben, Erfolg haben zu können.
MICHAEL KORDA

210

Es kommt auf die innere Einstellung an, zumindest deuten alle Anzeichen darauf hin. Sie bestimmt, was Ihnen das Leben bringt. Die Antworten auf Ihre Gebete haben also immer etwas mit Ihnen zu tun. Schauen Sie in Ihr Herz, dort finden Sie alles, was Sie brauchen.

THERESA MEEHAN

*Nichts kann einen Menschen daran hindern,
sein Ziel zu erreichen, wenn er die richtige
geistige Einstellung hat.
Nichts auf der Welt kann einem Menschen helfen,
der die falsche geistige Einstellung hat.*

W. W. ZIEGE

211

Als Kind in einem alkoholabhängigen Elternhaus traf ich Entscheidungen ganz impulsiv – mit dem Ergebnis, dass sie widersprüchlich und unvorhersehbar waren und viel Chaos anrichteten. Während meiner Genesung muss ich stets eine Wahl treffen und danach handeln; aber ich muss nachdenken, bevor ich etwas tue. Dies ist kein Zögern, sondern ein bewusstes Entscheiden, um spontanes, impulsives Reagieren zu vermeiden. Wenn ich meine Wünsche befriedigen möchte und dabei keinen Erfolg habe, nehme ich mir die Zeit, um auf meine innere Stimme zu hören. Wenn ich mir Gedanken darüber mache, was andere denken, sagen oder tun, halte ich inne und werde mir darüber klar, was ich wirklich will. Ich denke, bevor ich handle, und nehme meine Gedanken ernst.

ROKELLE LERNER

Denken ist die Knospe, sprechen die Blüte und handeln die reife Frucht.
RALPH WALDO EMERSON

212

Alle paar Jahre hole ich ein kleines lackiertes Kiefernholzkästchen mit Messingscharnieren hervor, das ich in der siebten Klasse im Werkunterricht gebaut habe. Und da liegen dann zwischen meinem Zeugnis aus der zweiten Klasse und einem Gedicht, das eine Freundin aus der Highschool schrieb, die zwei Fotos von Calvin and Allen. Die beiden hatten so viel gemeinsam. Sie kamen aus liebevollen Familien, waren exzellente Schüler und liebten den Sport. Eine weitere Gemeinsamkeit aber hatte den größten Einfluss auf beider Leben und auf das ihrer Angehörigen: Beide verstrickten sich in den Horror der Drogenabhängigkeit. Allen starb mit zwölf Jahren an einer Überdosis Heroin, und Calvin erlebte seinen zwanzigsten Geburtstag nicht mehr. So hole ich also immer wieder einmal das Kästchen hervor, schaue die beiden Fotos an und hoffe, dass ich so viel gelernt habe, um zu verhindern, dass sich diese Geschichte mit meinen beiden Kindern wiederholt, die mir alles bedeuten.

DAVID R. WILKINS

Gute Menschen gelangen
zur Weisheit durch Misserfolge.
WILLIAM SAROYAN

213

Wenn Sie für das dankbar sind, was Sie in diesem Moment haben, werden Sie ein Gefühl der Ruhe empfinden. Suchen Sie sich ein stilles Plätzchen, und fangen Sie an zu schreiben: »Heute bin ich dankbar für ...« Schreiben Sie nieder, was Ihnen in den Sinn kommt. Vielleicht sind Sie dankbar, diese wenigen Augenblicke zu haben, in denen Sie ruhig dasitzen. Sie können auch für die Worte einer Freundin dankbar sein oder dafür, dass eine geliebte Person an Ihrer Seite ist. Es gibt auch viele alltägliche Dinge, für die man dankbar sein kann: ein warmes Bad, ein kühler Drink, ein bequemer Sessel, in den man sich fallen lassen kann. Wenn wir dankbar sind, akzeptieren wir uns selbst und unser Leben. Behandeln Sie sich gut, und seien Sie dankbar.

BARBARA ELIZABETH LOWELL

*Wir sollten dankbar für die vielen Dinge sein,
die nicht geschehen.*

LANGENHOVEN

214

Als ich am Postschalter vorn in der Schlange stand und ungeduldig wartete, sah ich eine Frau, die sich mit vielen Paketen auf dem Arm abmühte, durch die Tür zu kommen. Mir fiel auf, dass dort hinten niemand ihr etwas abnehmen wollte, und dachte: »Ich kann nicht glauben, dass diese Leute einfach nicht ihren Platz in der Schlange verlieren wollen.« Eine innere Stimme sagte, dass ich ihr helfen könnte – aber auch, dass ich dann meinen Platz in der Schlange verlieren würde. Da ich aber gern anderen helfe, erklärte ich mich bereit, ihr ein paar Pakete abzunehmen. Habe ich an jenem Tag etwas gelernt? Ja, manchmal muss man aus der Reihe tanzen, um das Richtige zu tun.

ROBERT J. ACKERMAN

Wenn du viel für andere Menschen tust,
formt sich dein Charakter von ganz allein.
WOODROW WILSON

215

Ich glaube, dass alles auf einen guten Weg kommt, wenn wir es zulassen. Ich glaube, dass Gott die Verantwortung trägt und dass positive Dinge geschehen, wenn wir uns dessen bewusst sind. Ich glaube, dass das Leben ein Geschenk ist und dass ich dafür verantwortlich bin, alles zu geben, damit es auch funktioniert. Ich glaube, dass eine positive Einstellung mehr wert ist als Geld, ein gutes Herz mehr wert ist als eine hohe Geburt und dass ein guter Charakter ein Fundament ist, auf dem mindestens drei Generationen aufbauen können. Ich glaube an die Liebe und ihre Kraft zu heilen, etwas wiederherzustellen und unsere nächsten Lektionen zu offenbaren. Ich glaube an das Geschenk der Genesung.

TIAN DAYTON

Geteilte Freude ist doppelte Freude.
Geteiltes Leid ist halbes Leid.

UNBEKANNT

216

Manchmal erwacht man am Morgen voller Schwung und freut sich, dass ein neuer Tag beginnt. An anderen Tagen kreist der erste Gedanke gleich um ein Problem, oder ein ängstliches Gefühl kommt hoch, oder es erwartet einen einfach nur eine langweilige Aufgabe. Vielleicht regnet es draußen, oder vielleicht ist es auch nur ein Regentag in Ihrem Herzen. Ob Sie noch neu oder schon länger auf dem Weg der Genesung sind, dunkle Tage werden kommen. So wie ein Eichhörnchen sein Vorratslager füllt, sollten auch wir uns mit Hoffnung füllen. Ein Lieblingsgedicht oder ein spiritueller Text kann die Stimmung aufhellen. Aufmunternde Musik oder körperliche Bewegung kann Körper und Geist in eine positive Richtung lenken.

JOYCE MCDONALD HOSKINS

Das schlimmste Gefängnis ist ein verschlossenes Herz.
JOHANNES PAUL II.

217

Liebe ist das Geschenk mit der größten Heilkraft, das ich mir machen kann. Ich muss mich nicht nach außen wenden, um Liebe zu finden – sie existiert bereits in mir. Meine Eltern, meine Freunde und meine Beziehungspartner haben mir vielleicht nicht die Liebe gegeben, die ich gebraucht hätte, dennoch bin ich nie ohne Liebe gewesen. Nur wenn ich mich zu wenig um mich selbst kümmere, suche ich verzweifelt nach der Liebe anderer. Diese Verzweiflung hört auf, wenn ich nach innen gehe, wenn ich die Tür zu meinem Herzen öffne und mich selbst mit bedingungsloser Liebe umfange.

ROKELLE LERNER

Gutes Benehmen lernt man dann am besten,
wenn man in einer liebevollen Familie aufwächst,
in der man sich gegenseitig liebt.
BENJAMIN SPOCK

218

Gott, zeig mir heute, wie du mein Leben lenkst. Hilf mir bitte, dass ich deine Gegenwart spüre und dankbar für all die Dinge bin, die du mir schickst. Hilf mir, offen zu sein für die Lektionen, die ich auf dem Weg lernen soll, und jeden Menschen so zu lieben, wie du mich liebst. Nimm meine Stimme, um zu sprechen, und meine Hände, um deine Arbeit zu tun. Hilf mir, jede Situation mit deinen Augen zu sehen.

KELLY L. STONE

Herr, mach mich zu einem Werkzeug deines Friedens.
FRANZ VON ASSISI

219

Sobald Sie akzeptieren, dass Sie keine Kontrolle über andere haben, können Sie sich entspannen und alles ruhig angehen lassen. Immer wenn Sie diese Woche eine Anspannung in Ihrer Magengrube spüren, können Sie in Gedanken sagen: »Ich habe keinen Einfluss auf die Entscheidungen anderer Menschen; sie haben das Recht, sich für das zu entscheiden, was sie ihrer Ansicht nach brauchen.«
Fühlen Sie die Freiheit, wenn Sie das akzeptieren, was Sie immer schon wussten: Sie haben letztlich über niemanden Kontrolle, außer über sich selbst. Kümmern Sie sich diese Woche darum, in Ihrem eigenen Leben voranzukommen, statt andere verändern zu wollen.

LANA FLETCHER

Es ist so einfach zu erkennen, dass wir die Zukunft nicht kontrollieren können, so viele Gedanken wir uns auch um sie machen. Es ist so einfach zu sehen, dass wir immer nur jetzt glücklich sein können. Und dass es niemals eine Zeit geben wird, in der es nicht jetzt ist.

GERALD JAMPOLSKY

220

Wenn ich selbst für mein Leben Sorge tragen will, muss ich verschiedene Dinge in verschiedenen Situationen tun – es gibt nicht den einen Weg. Das ist auch der Grund, warum es so schwierig ist, es in die Tat umzusetzen. Es ist reines Wunschdenken, zu glauben, dass alle Beziehungen stressfrei werden, wenn ich nur alles richtig mache und vollkommen genese. Es beruht immer noch auf meiner Kindheitsfantasie, dass ich meine Familie in Ordnung bringen könnte, wenn ich mir nur mehr Mühe geben und alles noch besser verstehen würde. Wenn wir von Genesung sprechen, sprechen wir über das Leben, und das Leben bietet keine Garantien. Wir tun, was wir tun können, und haben keinen Einfluss darauf, was es letztlich bewirkt. Mein seelisches Wachstum ist das Einzige, worauf es in meinem Leben wirklich ankommt.

TIAN DAYTON

Einsamkeit ist die Begleiterin einer reifen Seele.
JAMES RUSSELL LOWELL

221

Ich verstehe inzwischen, dass ich mir selbst durch mein Jammern und Klagen am meisten schade. Wenn ich also meine Gesundheit bewahren und mein Wachstum fördern will, muss ich regelmäßig Vergebung praktizieren. Wenn ich anderen vergebe, lasse ich die emotionalen Blockaden los, die meine Beziehungen und den Austausch mit anderen negativ beeinflussen und es mir unmöglich machen, Liebe anzunehmen und Liebe zu geben. Vergeben hat große Auswirkungen – es schenkt sofort eine starke Erleichterung und auf lange Sicht größere Gelassenheit und Freude.

Jeff McFarland

*Vergib immer deinen Feinden,
denn nichts ärgert sie mehr.*
Oscar Wilde

222

Entmutigt und niedergeschlagen stand ich am Rand der staubigen Straße und hatte mein Reiseziel erst zur Hälfte erreicht. Meine Stärke und Willenskraft fielen in der sengenden Sommerhitze in sich zusammen. Sollte ich lieber umkehren oder weiter in Richtung eines ungewissen Schicksals streben?

Während ich überlegte, sah ich vor mir eine kleine Ameise im Staub. Wie ich stolperte auch sie hartnäckig einem unbekannten Ziel entgegen. Ich beobachtete sie mit stiller Faszination, bis sie schließlich den Straßenrand erreicht hatte. Was für ein Sinnbild von Tapferkeit! Davon inspiriert, nahm ich all meinen Mut zusammen und war entschlossen, weiterzumachen und meine eigene Reise nicht vor dem Ziel abzubrechen. Das unspektakuläre Beispiel dieser kleinen Ameise brachte mich auf eine sichere Bahn, die aus Armut, Obdachlosigkeit und Verzweiflung hinausführte.

DAVID CLAERR

Das Leben verkleinert oder
vergrößert sich im Verhältnis zu unserem Mut.
ANAÏS NIN

223

Mit vierzehn Jahren war mein Leben von Gewalt, sexuellem Missbrauch, Alkohol und Drogen geprägt. Der Weg der Selbstzerstörung schien mein Schicksal zu sein. Ich heiratete jung und bekam schnell zwei wunderschöne Kinder, und das war der Wendepunkt in meinem Leben. Eine gute Mutter zu sein war etwas, das ich erreichen konnte. Ich stellte mich meinen Problemen und lernte, mich auf gesunde Weise um meine Kinder zu kümmern und mit dem Leben fertig zu werden. Ich habe große Widrigkeiten überwunden, habe mich dem Selbsthass und der Scham gestellt und den Verlust meiner Kindheit betrauert, so dass dieser Teufelskreis mit mir ein Ende hat. Stattdessen hat nun ein Leben festen Boden gewonnen, in dessen Mittelpunkt die Liebe, das Nähren, Hegen und Pflegen stehen, und ich achte darauf, noch mehr von dieser Saat auszubringen und sie täglich zu wässern.

MARILYN JOAN

Die üblichste Art von Lüge ist die,
die man sich selbst erzählt.

FRIEDRICH NIETZSCHE

224

Wenn man mit Eltern aufwächst, die ihr Leben nicht mehr im Griff haben, besteht ein Großteil der täglichen Orientierungslosigkeit darin, dass man nie weiß, was sie eigentlich wollen. Wir hatten als Kinder so gut wie kein Selbstwertgefühl. Wir waren wichtig genug, um da zu sein, wenn die Eltern sich gut fühlten, aber nicht wichtig genug, um auch dann noch da zu sein, wenn es ihnen nicht gutging. Wir lernten nie, an unseren Erfolg zu glauben, weil wir niemals wussten, wann wir gelobt und wann wir weggestoßen wurden. Als Erwachsene aber können wir uns stets in Selbstakzeptanz üben. Wir können lernen, unsere Wünsche ernst zu nehmen.

YVONNE KAYE

Komm her. Ich liebe dich. Geh weg.
Ich kann dich nicht ertragen.
Wir haben Besuch, also bleib auf deinem Zimmer.

JAMES C.

225

In einem Winkel meiner Seele gibt es einen Ort der Ruhe, wo sich Herz und Verstand treffen. Es ist ein Ort großer Gelassenheit, an dem ich echte Liebe empfinde; ein Ort, an dem mir das Atmen leichtfällt und ich mein wahres Selbst bin. Ich fühle mich dort frei und kann liebevoll die Wahrheit aussprechen. Dort gibt es große Ehrlichkeit und Demut, und Gottes Anwesenheit ist stark zu spüren. Keine Arglist, keine Falschheit, keine Täuschung. Masken fallen, und das wahre Selbst ist offenbart.
Ich finde diesen gesegneten Ort nicht wieder, o Herr. Wie sehr ich mich nach diesem inneren Heiligtum sehne. Bitte führe mich wieder dorthin.
LILIAN CHEE SAU LENG

Gott fragt den Menschen nicht,
ob ihm das Leben gefällt,
denn darum geht es nicht. Du musst es annehmen
und hast nur die Wahl, wie du es tust.
HENRY WARD BEECHER

226

Ich bin stark genug, um nachzusehen, welche Gefühle in meinem Leben unter den Teppich gekehrt worden sind. Ich erlange diese Stärke, indem mir immer klarer wird, dass man die Dinge auch anders betrachten kann, als ich es immer tat. Und dabei lerne ich, mich selbst und andere besser wahrzunehmen.

DONNA LEBLANC

Schau hin, was du tust, statt nur darüber nachzudenken, was du tust. Nicht das Denken, sondern das Wahrnehmen ist entscheidend.

DONNA LEBLANC

227

Gedanken haben ihre eigene kreative Macht. Ich kann meine Gedanken beobachten und herausfinden, was mir gefallen wird, indem ich es zuerst im Geist durchspiele. Vor meinem geistigen Auge lasse ich meine Wünsche Revue passieren und gehe davon aus, dass das, was ich in der Innenschau sehe, auch für mich da ist. Ich stelle mir alles genau vor – Geruch, Geschmack und Gefühl –, so als ob es bereits Wirklichkeit wäre. Ich genieße meine Vision, lasse sie dann los und konzentriere mich wieder auf meinen Alltag, ohne mir weiterhin Gedanken über sie zu machen. Sie wird Wirklichkeit werden, wenn die Zeit dafür reif ist. Ich weiß, dass alle guten Dinge für mich möglich sind.

Tian Dayton

Wenn man sich zuversichtlich in die Richtung seiner Träume bewegt, wird man einen Erfolg haben, mit dem niemand rechnet.
Henry David Thoreau

228

Manchmal blicken wir der Realität erst dann ins Auge, wenn wir jahrelang vergeblich versucht haben, auf das Verhalten anderer einzuwirken. Die Wahrheit ist, dass eine solche Kontrolle unmöglich ist. Wir handeln vielleicht aus den edelsten Motiven heraus und machen die einfühlsamsten Vorschläge, aber am Ende tut jeder doch, was er will, ungeachtet unserer guten Ratschläge. Welch große Erleichterung, dies endlich zu begreifen und die erdrückende Last abzuwerfen, die darin besteht, sich in die Angelegenheiten anderer einzumischen. Wir sind dann frei und können uns um uns selbst kümmern und unser Leben so angenehm wie möglich gestalten.

RHONDA BRUNEA

Ärgere dich nicht,
dass du andere nicht so verändern kannst,
wie du sie gern hättest,
denn du kannst
noch nicht einmal dich selbst so verändern,
wie du gern sein willst.

THOMAS VON KEMPEN

229

Ich kann mit wenigen Mitteln eine positive Wirkung auf meine Umgebung haben. Diese Welt kann sich nur verändern, wenn auch die Menschen, die sie bewohnen, sich verändern. Es liegt an uns, diesen Planeten zu zerstören oder zu retten. Heute entscheide ich mich dafür, meine persönliche Kraft auf Gott auszurichten und mich zu öffnen, damit er durch mich und mit mir arbeiten kann. Die Welt, in der ich lebe, ist meine Welt; sie ist alles, was ich habe. Wenn ich glaube, dass ich machtlos bin, werde ich mich nur schwächen und mich ohnmächtig fühlen. Diese innere Haltung nehme ich heute nicht ein.

TIAN DAYTON

Nur unserer Wille und unsere Absicht gehören vollständig uns selbst.
EPIKTET

230

Du hörst die vertraute Stimme und seine Schritte auf dem Gang. Die Tür geht auf, er verstummt mitten im Satz. Fragend lässt er seinen Blick im Raum schweifen. Verwirrung und Angst, genau der Ausdruck, vor dem du dich gefürchtet hast, untergraben sein halbes Lächeln, und du ringst darum, liebevoll, aber entschlossen dreinzublicken. Etwas anderes hat sich eingeschaltet, und du fragst dich, ob er jemals wieder »Ich liebe dich« sagen wird. Wenige Tage später, als du beim Behandlungszentrum vorbeifährst, um seine schmutzige Wäsche abzuholen, ist die angeheftete Nachricht die beste, die du je gelesen hast: »Ich danke dir. Ich liebe dich. Ich bin Ted – und ich bin Alkoholiker.«

JANN MITCHELL

Ich glaube, dass der Mensch nicht bloß alles ertragen wird; er wird sich durchsetzen und siegen.
WILLIAM FAULKNER

231

Nehmen Sie sich die Zeit, die Besonderheiten Ihrer Persönlichkeit zu entdecken. Erfreuen Sie sich an dem Wissen, dass Gott Sie bewusst für einen bestimmten Zweck geschaffen hat. Teilen Sie sich anderen Menschen mit, so dass diese sich öffnen und ihren eigenen Heilungsprozess beginnen können. Verbringen Sie Zeit mit anderen, sprechen Sie aufmunternde Worte, wenn diese Ihnen von ihren Verletzungen und ihrem Schmerz erzählen. Reden Sie über Ihre Träume, Gefühle, Enttäuschungen und Erfolge. Auf dem Weg Ihrer eigenen Genesung gibt es nichts Kraftvolleres, als andere zu trösten und ihnen das wertvolle Geschenk Ihrer Zeit zu geben.

LINDA MEHUS-BARBER

Du lebst dann deine besten Seiten aus,
wenn du dich zu der Person entwickelst,
die du sein willst.
WILFRED PETERSON

232

Das Klirren von Schlüsseln und Zuschlagen von Türen holt mich aus meiner Träumerei. Eine Gefängniswärterin bellt: »Raus mit dir, du Koksnase!« Ich erhebe mich gleichzeitig mit den anderen vierzig Frauen, die die letzten drei Tage die Zelle mit mir teilten. Keine von uns weiß genau, wen die Aufseherin meint. Dieses Mal bin ich es nicht.

Es sollte zwei Jahre dauern, bis ich meine Kinder wiedersah, und nachdem ich entlassen worden war, begab ich mich in stationäre Behandlung. Ich hatte keine Angst mehr vor dem Sterben; ich hatte Angst davor, mein Leben wieder so zu leben, wie ich es bisher gelebt hatte. Gottes Wege sind wundersam. Ehemalige Drogensüchtige wissen das besser als alle anderen.

Mary Barr

Ein Freund ist jemand,
der dann reinkommt,
wenn andere rausgehen.
Walter Winchell

233

Wenn ich aus dem Fenster blicke, sehe ich die Schönheit der Welt, die Gott geschaffen hat, und all die Möglichkeiten, die sie bietet. Ich bin ein Teil davon. Ich möchte mich gut fühlen und Hoffnung haben. Ich muss mich selbst lieben; muss akzeptieren, wer ich bin. Ich will es schaffen, eine Inspiration für andere zu sein, genauso wie andere es für mich gewesen sind.

STACEY CHILLEMI

*Der Mensch ist und war
zu allen Zeiten ein Spiegelbild Gottes.*
MARY BAKER EDDY

234

Wenn wir auf die Welt kommen, besteht unsere erste Aktivität im Einatmen. Göttliche Inspiration. Wenn wir die Welt verlassen, ist Ausatmen das Letzte, was wir tun. Alles, was dazwischen liegt, ist nicht so schwer. Es ist für alles gesorgt. Wir verlassen das Zuhause, und wir gehen wieder nach Hause. Gottes Kinder. Und wenn wir wirklich daran glauben, dass er uns auf unserer Reise in seiner Hand trägt, können wir alles ertragen.

NANCY BURKE

Ruhig dasitzen und nichts tun.
Der Frühling kommt, und das Gras wächst von allein.

ZENRIN

235

Wenn das Leben über mir zusammenbricht und ich am liebsten alles hinschmeißen würde, zwinge ich mich dazu, zwanzig Dinge aufzuschreiben, für die ich dankbar bin. Manchmal ist es etwas scheinbar Selbstverständliches wie »Finger« oder »ein Stuhl zum Sitzen«, aber ich mache so lange weiter, bis ich meine magische Zahl erreicht habe. Sobald ich dann meine Liste fertig habe, befinde ich mich in einer anderen geistigen Verfassung. Wenn ich dankbar bin, höre ich auf, Selbstmitleid zu haben, und fühle meine Stärke.

BARBARA A. CROCE

Dankbarkeit bewirkt positive Dinge.
SIR JOHN TEMPLETON

236

Das Trinken half mir beim Umgang mit der Depression. Ich trank bis zum Vollrausch, um meinen inneren Schmerz nicht mehr zu spüren. Mehrere Behandlungsversuche schlugen fehl, bis zu meiner letzten Einweisung, als sie mich auf einer Liege in die Entzugsstation rollten und anfingen, sich mit meiner Depression zu befassen. Zweiunddreißig Tage später verließ ich das Behandlungszentrum und wusste, dass ich mit meiner Genesung nur Erfolg haben würde, wenn ich mich mehr in die Gemeinschaft der Genesenden einbrachte. Später hatte ich die Gelegenheit, dem Zentrum einen Besuch abzustatten, nicht als Patient, sondern als Gast. Ich war gekommen, um über die Möglichkeiten einen Zusammenarbeit zwischen ihrem Programm und dem neuen Behandlungszentrum, das ich gerade eröffnet hatte, zu sprechen. Ich erinnere mich daran, dass ich mich einst gefragt hatte, ob das Leben es wert ist, gelebt zu werden. Jetzt weiß ich es.

Perry D. Litchfield

Ich heiße das Glück willkommen,
denn es lässt mein Herz aufgehen.
Ich ertrage die Traurigkeit,
denn sie öffnet meine Seele.

Og Mandino

237

»Dort draußen warten große, aufregende Abenteuer auf dich!« Das sagte mir eine gute Freundin, die wie ich auf dem Weg der Genesung war, nachdem ich ihr erzählt hatte, dass ich mich gerade scheiden ließe. Ich war zu jenem Zeitpunkt nicht sonderlich mit meinem Leben zufrieden. Im Nachhinein war ich dankbar, dass sie eine positive Perspektive in etwas brachte, das mich nicht sehr optimistisch stimmte. Ich bin froh, dass es Menschen gibt, die mir helfen, das Positive in jeder Situation zu sehen.

ANNE CONNER

Ich sehe das so: Wenn du den Regenbogen willst, musst du auch mit dem Regen klarkommen.

DOLLY PARTON

238

Unser Leben geschieht heute. Wenn wir uns heute Abend zum Schlafen betten, wird dieser bestimmte Tag niemals zurückkommen. Wir haben immer nur einmal die Chance. Wir werden sie verpassen, wenn wir auf den nächsten Morgen, die nächste Woche oder das nächste Jahr warten – in der Illusion, dass erst sie perfekt sein werden. Angesichts der Ewigkeit ist das Heute nur ein kurzer Atemzug. Aber ohne diesen Atemzug, auf den ein anderer folgt, können wir unsere Bestimmung nicht erfüllen.

BARBARA A. CROCE

Wir neigen alle dazu, nicht wirklich zu leben
und von einem magischen Rosengarten hinter
dem Horizont zu träumen, statt uns an den Rosen
zu erfreuen, die heute vor unserem Fenster blühen.

DALE CARNEGIE

239

Ich stand vor der Treppe und war nicht in der Lage, meinen Fuß auf die erste Stufe zu setzen. In meinem ganzen Leben war ich noch nie so erschöpft und deprimiert gewesen. Ich hatte unten das Badezimmer benutzen müssen und kam nicht wieder die Treppe hoch. Plötzlich sah ich mich selbst, eine junge Frau, die Hand am Geländer, Tränen in den Augen, nach oben schauend. Als ich meine Augen schloss, um das Bild loszuwerden, setzte ich einen Fuß auf die erste Stufe. Ich hielt mich mit beiden Händen am Geländer fest und zog mich zur nächsten Stufe hoch. Mit geschlossenen Augen schaffte ich es schließlich bis ganz nach oben. Ich freute mich unglaublich. Der Weg der Genesung begann mit der Bewältigung jener ersten Stufe.

ANNE TILLER SLATES

Warte nicht auf ideale Umstände oder
beste Gelegenheiten, denn sie werden niemals kommen.
JANET E. STUART

240

Fast dreißig Jahre lang hatte ich praktisch keinen Kontakt mit irgendjemandem aus meiner Familie, bis eines Tages das Telefon klingelte. Mein Vater lag im Sterben. Ich hatte keine Illusionen, dass wir das verpasste Leben nachholen könnten, hoffte aber, die wenige Zeit, die uns noch blieb, intensiv zu nutzen. Eines Nachmittags, nachdem wir lange um den heißen Brei herumgeredet hatten, sagte ich ihm, wie leid es mir um all die verlorene Zeit tue. Er lächelte, griff nach meinen Händen, schloss die Augen und sprach mit leiser Stimme. Ich hörte ihm zu, vergrub mein Gesicht in seinem Schoß und weinte wie das kleine Kind, das er vor so vielen Jahren verlassen hatte. An diesem Tag wurde er zu meinem Vater und ich zu seiner Tochter. Ich weiß nicht, wie lange wir so blieben, es fühlte sich wie ein ganzes Leben an – oder zumindest wie eine ganze Kindheit.

THERESA PELUSO

*Je länger du einen Groll mit dir herumschleppst,
desto belastender wird er.*

UNBEKANNT

241

Als meine sowohl suchtkranke wie auch geistig gestörte Schwester ermordet wurde, wandte ich mich an meine Höhere Kraft und stellte diese ganz einfache Frage: Warum? Doch da war nichts als ein großes Schweigen. Ich fühlte keine Verbindung mehr zu dem unverwüstlichen Teil von mir, der – so glaubte ich – mich ausmachen würde. Ich wollte mit denen zusammen sein, die das Elend kannten, das ich selbst einst erfahren hatte, und nahm eine Arbeitsstelle an, bei der ich missbrauchten und verletzten Kindern half. Ich war überrascht, welche Hoffnung von diesen Kindern ausging. Trotz allem, was ihnen das Leben zugeteilt hat, weigern sie sich, aufzugeben. Sie bemühen sich weiter. Sie träumen weiter. Sie leben weiter. Ich musste mich wieder daran erinnern, wie man das macht, und ich habe mich daran erinnert. Gemeinsam fanden wir Heilung.

Patricia O'Gorman

Der sicherste Weg zum Glück ist der,
dich in einer größeren Sache als dir selbst zu verlieren.

Unbekannt

242

Ich war ein typischer Teenager und versuchte verzweifelt, die Akzeptanz und Liebe meines Stiefvaters zu gewinnen. Doch ich hatte augenscheinlich keinen Erfolg. Gegen Ende meiner Zeit an der Highschool wurde mir klar, dass ich nichts tun konnte, um sein abweisendes Verhalten mir gegenüber zu ändern. Zu seinem Geburtstag suchte ich eine Glückwunschkarte aus, die für alle Hoffnungen meines Herzens stand. Ich wusste nicht, was geschehen würde, aber ich ging das Risiko ein und machte mich verletzlich. Ein paar Tage später fand ich eine Nachricht von ihm. Bis dahin hatte er mir, soweit ich mich erinnern konnte, noch nie etwas handschriftlich zukommen lassen. Je mehr ich mich um das Vergeben und meine persönliche Entwicklung bemühte, statt mich darauf zu fixieren, andere ändern zu wollen, desto mehr kehrte sich etwas für uns beide ins Positive.

Erin Hagman

Schau nicht zurück im Zorn, schau nicht nach vorn in Angst, sondern schau voll Achtsamkeit um dich herum.

James Thurber

243

Ich fügte mir Schnitte zu – an allen Stellen des Körpers, die von der Kleidung bedeckt sind, am liebsten aber an den Handgelenken. Die Schnitte wurden meine Worte; sie waren meine einzige Ausdrucksmöglichkeit, ein Weg, den sexuellen Missbrauch zu leugnen. Ich schnitt mich, um nicht fühlen zu müssen. Danach saß ich in dumpfer Trance da, vollkommen ruhig, benommen und leer. Selbst in einer Gesellschaft, in der kaum noch etwas schockieren kann, ist diese Form der Selbstzerstörung erschreckend. Ich habe mich jetzt seit drei Jahren nicht mehr geschnitten. Dank der Menschen, die mir geholfen haben, die Schichten meiner Abwehrmechanismen abzuschälen, bis ich verstand, was die Wurzel meiner Ängste und meines Schmerzes war, bin ich endlich lebendig.

ELIZABETH WALTON

Die Sprosse einer Leiter war nie dafür gedacht,
sich darauf auszuruhen. Sie soll dem Fuß des
Menschen nur lange genug Halt geben,
damit er den anderen Fuß etwas höher setzen kann.

THOMAS HENRY HUXLEY

244

Eine Reise besteht aus vielen kleinen Schritten. Wenn Sie niedergeschlagen sind, sollten Sie sich körperlich bewegen. Steigen Sie aus dem Bett. Drehen Sie eine Runde mit dem Hund. Lächeln Sie eine fremde Person an. Egal wie unbedeutsam der Schritt auch erscheinen mag, Ihr Handeln ist ein Signal der Hoffnung, das Sie motiviert. Wenn Sie körperlich in Schwung kommen, kommt auch Ihr Geist in Schwung.

VICKI GRAF

Wenn kein Wind geht, rudere.
CHINESISCHES SPRICHWORT

245

Eine Frau lebt mit einem Ehemann, der sie schlägt und missbraucht. Sie hasst ihr Leben. Sie ist wütend und unglücklich. Sie bleibt weiterhin mit ihm zusammen. Ein Teenager hat starkes Übergewicht und wird von seinen Klassenkameraden gehänselt. Er hasst sein Leben. Er ist wütend und unglücklich. Er isst weiterhin zu viel. Ein Mann trinkt, gerät in Schlägereien und landet oft im Gefängnis. Er hasst sein Leben. Er ist wütend und unglücklich. Er trinkt weiter.
Wir müssen aus unseren Fehlern der Vergangenheit lernen und uns anders verhalten, oder wir enden immer wieder dort, wo wir schon waren.

KAY CONNER PLISZKA

Verrückt ist man, wenn man immer wieder das Gleiche tut und ein anderes Resultat erwartet.
ALBERT EINSTEIN

246

Wir leben am Rande der Stadt. Eines Abends saßen wir im Wohnzimmer, als wir Geräusche von der Veranda hörten. Mein Mann machte das Außenlicht an, und wir sahen sieben kleine Schafe in einer Reihe, die uns anstarrten, als wollten sie sagen: »Könnt ihr uns bitte helfen?« Emmitt öffnete das Tor zum Hof, wo die kleinen niedlichen Wollknäuel so lange sicher waren, bis wir den Besitzer gefunden hatten. Ohne dass er es wollte, war Emmitt nun eine Zeit lang ihr Schäfer. Sie folgten ihm, wohin er auch ging, und zeigten ihm ihr Vertrauen und ihre Anhänglichkeit. Ohne Schäfer sind die Schafe in Gefahr. Ohne den Guten Hirten bin auch ich es.

JOAN CLAYTON

Wo du im Leben landest,
hängt allein von deiner inneren Einstellung ab.
Geh nicht in der Menge verloren.

ANGELA DUVALL

247

Ich möchte hier nicht herunterspielen, wie wichtig es ist, seine finanzielle Situation rational im Griff zu haben, aber für mich ist der Humor ein gutes Wegzeug, um zu lernen, auf normale, gesunde Weise mit Geld umzugehen. Humor trägt zu einem bedeutenden Teil dazu bei, zu sich selbst zu finden. Es bringt nichts, nur todernst etwas für sich zu tun. Wir können Spaß dabei haben, wenn wir zurückschauen und uns vor Augen führen, was wir alles getan haben, um unser Konto auszugleichen. Wie viele von uns zahlen Geld auf ein Sparbuch ein und sind begeistert, 5 Prozent Zinsen zu bekommen, und vergessen gleichzeitig vollkommen die Tatsache, dass für die 10 000 Dollar Schulden auf der Kreditkarte 19,2 Prozent Zinsen fällig sind? Ich habe das alles hinter mir und kann heute nur noch darüber lachen. Es ist mir sehr wichtig, in Sachen Geld wieder auf die Beine gekommen zu sein, aber ich nehme weder meinen Erfolg noch mich selbst dabei allzu ernst.

Yvonne Kaye

Geld macht nicht zwangsläufig glücklich.
Menschen mit zehn Millionen sind nicht glücklicher
als Menschen mit neun Millionen.
Hobart Brown

248

Wenn ich Probleme habe, mache ich mir bewusst, dass die Lösungen zum Greifen nahe sind. Das setzt den Fluss von Ideen frei, den ich brauche, um meine Probleme zu lösen. Veränderungen geschehen nicht »zufällig«. Dauerhafte Lösungen erfordern nicht nur eine grundlegende Veränderung im Denken und in den Erwartungen, sondern auch im Handeln. Wenn ich eine positive Einstellung habe, werde ich mit allem fertig. Heute weiß ich, dass ich frei bin. Ich kann diese Freiheit dazu nutzen, negative Ansichten zu übernehmen, oder ich nutze sie, um positiv zu denken und mich darauf zu konzentrieren, Lösungen für meine Probleme zu finden. Ich selbst entscheide, welche Erfahrungen ich machen will.

ROKELLE LERNER

Forschen Sie jetzt nicht nach den Antworten,
die Ihnen nicht gegeben werden können,
weil Sie sie nicht leben könnten.
Und es handelt sich darum, alles zu leben.
Leben Sie jetzt die Fragen.

RAINER MARIA RILKE

249

Krankheiten bieten die Möglichkeit, dass der Geist lernt, sich vom körperlichen Zustand unabhängig zu machen und sich mit den eigenen inneren Quellen zu verbinden. Diese inneren Qualitäten zu erfahren ist eine kraftvolle Medizin. Hoffnung, Begeisterungsfähigkeit und Weisheit sind für den Geist das, was Nahrung für den Körper ist. Wir alle brauchen diese tägliche Nahrung.

BRAHMA KUMARIS WORLD SPIRITUAL UNIVERSITY

Der Trick bei der Lösung von Problemen besteht darin,
zu ihrer Wurzel vorzustoßen,
bevor sie sich in ihrem vollen Umfang zeigen.

BRAHMA KUMARIS

250

Angst zu haben ist menschlich, aber wir dürfen es niemals zulassen, dass die Angst unseren Genesungsprozess stoppt. Manchmal haben wir Angst vor dem, was wir tun müssen. Es ist herausfordernd und schwierig; es unterscheidet sich von allem, was wir bisher gekannt haben. Aber anstatt aufzugeben und sich zurückzuziehen, nehmen wir besser all unseren Mut zusammen und kämpfen uns voran – mit Angst oder ohne Angst – und denken daran, dass unsere Höhere Kraft immer da ist, um uns zu helfen und zu beschützen. Wir müssen es tun, auch wenn wir dabei zittern und zagen. Ich lasse es nicht zu, dass Angstgefühle mein Wachstum behindern. Ich vertraue darauf, dass ich geführt werde, und schreite unaufhörlich voran.

RHONDA BRUNEA

An dem Tag, da ich mich fürchten muss,
setze ich auf dich mein Vertrauen.
PSALM 56,4

251

Heute ist ein guter Tag, um dem Neuen den Boden zu bereiten. Ich werde tief in mein Herz gehen und es auf das Kommende vorbereiten. Selbst ein guter Samen kann sich in einem harten, unbearbeiteten Boden nicht seiner Bestimmung gemäß entwickeln. Wenn er aber in eine Erde eingebracht wird, die vorbereitet ist, kann er aufgehen und viele Früchte bringen.
Fragen Sie mich jetzt noch nicht nach der Ernte, ich führe noch den Pflug.

BARBARA A. CROCE

*Es geht nicht darum,
ob man wachsen soll oder nicht.
Entscheidend ist nur,
wie man wächst und zu welchem Zweck.*

UNBEKANNT

252

Sehen Sie in den Dingen nicht das Ende, sondern den Anfang. Veränderung macht Angst. Das Unbekannte ist beängstigend, weil wir nicht wissen, was uns als Nächstes erwartet. Gehen Sie Schritt für Schritt voran, um Ihren Mut zu stärken. Schon bald werden Sie nicht mehr zögern. Auch wenn der einzelne Schritt mit großer Angst verbunden ist, sollten Sie unbeirrt weitergehen. Öffnen Sie sich dem Leben und dem, was es Ihnen in jedem Moment an Erfahrung bringt. Ein wunderschöner Frühlingsmorgen, das Wunder eines sanften Schneefalls, das Jauchzen spielender Kinder auf dem Schulhof, das einfache Vergnügen, einen weiteren Atemzug machen zu können.

AINGEAL STONE

*Das Wichtigste, das du jemals lernen wirst, ist,
einfach nur zu lieben und geliebt zu werden.*

EDEN AHBEZ

253

Zuzugeben, dass ich eine Alkoholikerin bin, war ein erster schwieriger Schritt, aber es war nur der Anfang. Die Einlieferung allein reichte nicht. Ich spürte nur Leere. Was fehlte war, dass ich es akzeptierte. Es zu akzeptieren bedeutete, ich musste den nächsten Schritt machen, anderen davon erzählen, sie um Hilfe bitten und an meinem Trockenwerden arbeiten. Bis ich dies voll akzeptiert hatte und mich ganz darauf einließ, war ich emotional paralysiert. Angst und Schamgefühle hielten mich gefangen. Meine Situation zu akzeptieren hat mich befreit.

DEB SELLARS KARPEK

Das Leben ist das, was geschieht –
gleichgültig, welche Pläne du auch machst.
RALPH MARSTON

254

Von wem bekommen wir nach einem schmerzlichen Verlust ein neues Herz? Von niemandem. Wir haben nur das Herz, das übrig geblieben ist. Die fehlenden Teile können niemals ersetzt werden, aber sie können heilen. Es ist nicht leicht und kein schneller Prozess. Der lindernde Balsam besteht aus Geduld, Unterstützung, Akzeptieren, Verstehen, Liebe und dem weisen Gebrauch des Geschenks der Zeit. Auf dem Weg der Genesung erwirbt das einfühlsame, heilende Herz Weisheit und Mitgefühl für andere, denen es genauso geht. Nicht alle gebrochenen Herzen empfangen diese Geschenke. Sie sind nur in Verbindung mit bewusster, planvoller Absicht, innerer Stärke, Ausdauer, Mut und einer Offenheit gegenüber der Gnade Gottes zu bekommen.

JOYCE HARVEY

Mag ein Leben lang oder kurz sein –
ob es rund wird, hängt davon ab, wofür es gelebt wird.
DAVID STARR JORDAN

255

Fast jeden Tag sehe ich ein junges Mädchen auf unserer Landstraße laufen. Sie besteht nur aus Haut und Knochen. Ihr Gesicht ist das einer Magersüchtigen: spitze Wangenknochen und große, in dunkle Höhlen gesunkene Augen. Ich beobachte sie nun schon seit neun Monaten, und sie wird jeden Tag dünner und zerbrechlicher. Sie ist nicht wie die anderen Läuferinnen, die mit runden Muskeln, schwitzend und voller Energie unterwegs sind. Mein Mädchen ist eine verbissene Einzelgängerin, ein Strich in der Landschaft. Ich frage mich, wer ihre Angehörigen sind; dabei weiß ich, dass ihre Familie genauso wenig wie ich ihre Selbstbestrafung stoppen kann. Sie hat mit dem Laufen angefangen und aufgehört zu essen, weil sie eine boshafte innere Stimme gehört hat, die ihr gesagt hat, dass etwas mit ihr nicht stimme, dass sie nicht dünn genug sei. Wenn man Glück hat, wird man ein hohes Alter erreichen, aber dünn zu sein ist keine Garantie gegen das Elend.

NANCY BURKE

Der Körper lügt nie.
MARTHA GRAHAM

256

Ich bin meinem Großvater nie begegnet, aber ich kannte seinen Sohn. Ich wusste, dass mein Vater sehr bittere Gefühle gegenüber seinem Vater hegte. Den Geschichten zufolge, die ich zu hören bekam, hatte sich mein Großvater mit zweiundfünfzig zu Tode getrunken. Viele Jahre später saß ich einmal mit meinem Vater und meinem fünfjährigen Sohn beim Frühstück in einem Restaurant. Mein Vater schaute mich an und sagte: »Dein Großvater war sicher kein besonders guter Vater.« Nach einer Pause seufzte er und meinte: »Aber ich denke mal, der Mann hat das ihm Bestmögliche getan.« Acht Jahre, nachdem seine eigene Genesung begonnen hatte, und einunddreißig Jahre nach dem Tod meines Großvaters, hatte mein Vater angefangen, mit seinem Vater Frieden zu schließen.
ROBERT J. ACKERMAN

Die wichtigste zu lernende Lektion ist die,
dass auf Dauer gesehen
der schwierigste Weg der leichteste ist.
HENRY MILLER

257

Heute bitte ich um ein Wunder. Ich vertraue darauf, dass in diesem Universum nichts realer ist als die Liebe und die Macht Gottes. Ich weiß, dass Wunder und Veränderungen in der Wahrnehmung nur dann geschehen können, wenn ich dafür bete. Ich werde meinen Geist von aller Negativität befreien und um das bitten, was ich wirklich brauche. Ich werde beten, dass ein Wunder geschieht. In der Vergangenheit habe ich mich nicht getraut, um genug für mich selbst zu bitten, aber heute ist alles anders. Mit Liebe in meinem Herzen bitte ich darum, die Dinge anders wahrnehmen zu können. Ich bitte um Hilfe, damit ich das sehen kann, was ich nicht sehe, und sich die Wolke des Zweifels und der Negativität auflöst, die mich umgibt. Ich bitte darum, dass mein Geist frei von Angst und Sorgen ist.

Tian Dayton

Die Richtung des Geistes ist wichtiger als sein Fortschritt.
Joseph Joubert

258

Wenn ich sehe, mit welcher Ausdauer und Beharrlichkeit die Ameisen ihren Hügel bauen und ihr Futter heranschleppen, dann weiß ich, dass Erfolg nichts mit der Größe des Hindernisses zu tun hat. Es ist unser Fleiß, der uns das erreichen lässt, was wir uns wünschen. Die physischen Ausmaße eines Hindernisses sind nebensächlich.

BETTY KING

Gesunden Menschenverstand hat der,
der sich nicht über das ärgert,
was er nicht hat, sondern über das freut, was er hat.

EPIKTET

259

Auch wenn es sich anfühlt, als sei ich allein, bin ich es nicht. Mich umgibt ein Kreis der Liebe. Er besteht aus meinen Nachbarn, Familienangehörigen und Arbeitskollegen sowie aus denen, die sich ebenfalls auf dem Weg der Genesung befinden. Wenn ich mich an diese Menschen wende, spüre ich ihre Gegenwart und ihr Interesse an mir. Ich muss mich nicht wertlos fühlen, denn ich akzeptiere ihre Mängel und sie die meinen. Mein Kreis wird mir immer helfen, wenn ich darum bitte.

BRENDA NIXON

Wir können nicht ohne Schmerz
durch das Leben gehen ...
Wir können einzig und allein wählen,
wie wir den Schmerz verwandeln,
den das Leben uns bringt.

BERNIE S. SIEGEL

260

Ich bin dankbar für mein Leben. Alle Erfahrungen haben zu meinem Wachstum und meinem Verstehen beigetragen. Ich erkenne, was die Zukunft verspricht, und erwarte nur Gutes. Ich konzentriere mich heute auf den gegenwärtigen Moment und schaue mich in meiner Welt um. Ich sehe dort viel Positives und vieles, wofür ich dankbar bin. In all meinen Aktivitäten halte ich inne, reflektiere und bedanke mich. Ich freue mich auf glückliche Tage und die Möglichkeiten, die vor mir liegen. Ich sehe das Positive, das mich umgibt und jetzt genossen werden will.

ROKELLE LERNER

Wenn ich gefragt werde, ob mein Glas halb voll oder halb leer ist, antworte ich nur, dass ich dankbar dafür bin, ein Glas zu haben.

SAM LEFKOWITZ

261

Manche verbringen ihr halbes Leben damit, über der Vergangenheit zu brüten. Sie tadeln sich für ihre Fehler und stellen sich immer wieder vor, was gewesen sein könnte. Andere sorgen sich um die Zukunft. Sie verurteilen ihre Schwächen und machen sich Gedanken darüber, dass sie nicht stark genug sein könnten, um mit dem fertig zu werden, was die Zukunft vielleicht bringt. Aber diejenigen von uns, die auf dem Weg der Genesung sind, lassen den Schmerz der Vergangenheit und die Angst vor der Zukunft hinter sich. Stattdessen finden wir Trost und Stärke in der Unschuld des Jetzt, der Gegenwart. Mit jedem neuen Sonnenaufgang werden wir wiedergeboren. Und so leben wir, Tag für Tag, immer ganz im Heute.

Kay Conner Pliszka

*Die Vergangenheit ist Geschichte,
die Zukunft ein Geheimnis
und die Gegenwart ein Geschenk.*
Eleanor Roosevelt

262.

Wenn ich mir meinen Genesungsprozess als Ganzes anschaue, spüre ich meine Verantwortung, loszulassen und mich weiterzuentwickeln. Das ist nicht leicht, denn es fällt mir immer noch schwer, mich von alten Mustern zu lösen. Meine Vergangenheit wird mich immer wie ein dunkler Schatten verfolgen, wenn ich sie nicht als einen Teil von mir akzeptiere. Wenn ich so tue, als sei sie nicht wichtig, und wenn ich die Zähne zusammenbeiße und mich dazu zwinge, den Schmerz zu unterdrücken, lasse ich außer Acht, worum es auf dem Weg der Genesung geht. Wenn ich auf der anderen Seite nicht bereit bin loszulassen, kann ich nicht völlig gesund und lebendig sein. Es gehört zur Genesung dazu, den aufgestauten Schmerz zu fühlen und loszulassen, genauso wie entschlossen zu handeln, um weiterzukommen.

TIAN DAYTON

Unsere Sorge sei nicht,
wie wir in der Kirchenstille beten,
sondern wie wir in Wolkenkratzern
menschlich bleiben.

ABRAHAM JOSHUA HESCHEL

263

Jeder hat Probleme, und man fühlt sich schnell überwältigt und glaubt, es gäbe keine Lösung. Kleine Schritte können viel bewirken. Heute denke ich nicht daran, was ich nicht schaffe, sondern was ich tun kann, um ein Problem zu lösen. Egal ob etwas in meinem persönlichen Leben schiefläuft oder bei der Arbeit, in der Nachbarschaft, der Gesellschaft oder der Welt – ich kann mich einbringen und etwas bewirken. Wenn ich mich darauf konzentriere, was ich tun kann, stelle ich vielleicht fest, dass das, was ich für unmöglich hielt, plötzlich machbar ist.

SARAH WHITE

*Ausdauer und Beharrlichkeit sind
durch nichts in der Welt zu ersetzen.*
CALVIN COOLIDGE

264

Gott hat uns mit der Kraft ausgestattet, uneingeschränkt Entscheidungen treffen zu können. Diese erstaunliche Fähigkeit vermag unser Leben positiv zu verändern, wenn wir damit die richtigen Entschlüsse fassen. Denken Sie immer daran, dass Sie Kraft und Lebensenergie geschenkt bekommen haben und dass dieses Geschenk mit einer großen Erwartung verknüpft ist: Verantwortung.

LINDA SUROVIEC

*Der einzelne Regentropfen glaubt nicht,
dass er für die Flut verantwortlich ist.*

UNBEKANNT

265

Jeder Tag ist auf dem Weg meiner Genesung neu und »normal« für mich. Die Herausforderung besteht darin, den Fortschritt zu sehen und die positive Entwicklung wahrzunehmen und zu würdigen, so unscheinbar sie auch sein mag. Zum Schluss wird das, was ich heute als normal verstehe, vielleicht nichts mehr mit meiner Normalität von gestern zu tun haben – vor dem Ereignis, das mein Leben für immer verändert hat. Ich bin inzwischen eine stärkere Person, weil ich eine andere Einstellung habe, Herausforderungen annehme und Fortschritte mache. Es ist auf neue Weise normal. Ich verändere mich positiv.

CHARMI SCHROEDER

Wenn wir aus dem gewohnten Trott ausbrechen, setzen wir eine Reihe von Ereignissen in Gang, die – im Zusammenspiel – den Kern unseres Wesens verändern.

JOSEPH DISPENZA

266

Ich erlebe diesen Tag nur durch dich, Herr. Es ist nicht meine Kraft, die mich aus dem Bett aufstehen und auf die Knie fallen lässt. Durch deine Stärke komme ich voran. Durch deine Gnade findet sich immer ein Weg. Wenn ich stolpere, fängst du mich auf; wenn ich nicht mehr laufen kann, trägst du mich. Du kennst mich in- und auswendig und verstehst alles, was ich tue. Durch deine Hilfe versinke ich nicht in Selbstmitleid. Worte können nicht ausdrücken, wie dankbar ich bin, einfach nur am Leben zu sein.

JAYE LEWIS

Ich gönne mir einen Moment, um mich auszuruhen.
Ich betrachte die herrliche Umgebung um mich herum
und werfe einen Blick zurück auf den langen Weg,
den ich gekommen bin.

NELSON MANDELA

267

Wie eine Zeitreisende in einem Science-Fiction-Film stieß ich neulich auf eine Version meiner selbst. Doch diese Ausgabe von mir, die ich in einem alten Tagebuch entdeckte, hat sich schon seit Jahrzehnten nicht mehr blicken lassen. Als ich die zerknitterten, losen Seiten durchblätterte, in die sich die Spitze des Kugelschreibers tief eingedrückt hatte, schien ich in eine andere Zeit und einen anderen Raum einzutreten. Ich blickte auf die mir seltsam vertraute Schrift, die runder und unschuldiger war, als ich mich erinnerte, und ich fragte mich, ob ich damals wirklich so blauäugig gewesen bin, so idealistisch, so edelmütig. Mein altes Tagebuch konfrontierte mich unmittelbar mit mir selbst und zeigte mir, dass ich es wert bin, entdeckt zu werden.

ELEANOR KIRK

Der Mensch webt nicht das Netz des Lebens,
sondern ist in ihm nur ein Faden. Was auch immer er
dem Netz antut, er tut es sich selbst an.
HÄUPTLING SEATTLE

268

Ich habe eine Aufgabe auf der Erde und werde mich verstärkt bemühen, sie zu erfüllen. Wenn ich mein Ziel aus den Augen verliere, ins Schwimmen gerate und Orientierung suche, halte ich inne und erinnere mich an meine Höhere Kraft, die meine Reise lenkt. Ein Gefühl der Ruhe und des Friedens breitet sich dann in mir aus. Da ich in einer gestörten Familie aufgewachsen bin, sind meine Energien blockiert. Ich habe nicht gelernt, meine Gefühle von denen anderer Menschen zu trennen. Wenn mein alkoholsüchtiger Vater trank, war ich angespannt und hatte Angst. Heute lebe ich nicht mehr in solchen Extremen. Ich habe eine Aufgabe. Zu leben ist ein Wunder, dass man immer feiern sollte, und ich fühle die Harmonie, wenn ich meine Energie für positive Dinge einsetze.

ROKELLE LERNER

Gib, was du hast. Ein anderer könnte es besser gebrauchen, als du zu träumen wagst.
HENRY WADSWORTH LONGFELLOW

269

Auf dem Weg der Genesung lernen wir, dass es sinnlos ist, immer wieder das Gleiche zu tun und zu hoffen, dass etwas anderes dabei herauskommt. Wie oft hatte ich mir früher geschworen, auf der Party nur zwei Gläser zu trinken, und war später mit einem schrecklichen Kater aufgewacht. Ohne mich daran zu erinnern, wie ich nach Hause gekommen war, versuchte ich dann, die Bruchstücke des Abends zu sortieren, und versprach mir hoch und heilig: Nie wieder! Aber dann kam die nächste Party, und alle guten Vorsätze waren schneller vergessen, als ich das Wort »Weinfass« aussprechen konnte. Meine Seele war krank, und diese Krankheit heißt Alkoholismus. Ich habe gelernt, meine Medizin zu schlucken – und besuche inzwischen dankbar die Treffen der Anonymen Alkoholiker. Wenn der Drang da ist, wieder zur Flasche zu greifen, erinnere ich mich daran, dass nichts jemals so gut schmecken kann, wie sich meine Nüchternheit anfühlt.

DORRI OLDS

Wir wählen unsere Freude und unser Leid,
lange bevor wir beides erfahren.
KHALIL GIBRAN

270

Während ich hinter der Plexiglasscheibe an der Eisbahn stehe und meinem Sohn beim Eislaufen zuschaue, erinnere ich mich an einen Arztbesuch, als Paul drei Jahre alt war. Paul konnte nicht sprechen, bekam schreckliche Wutanfälle und blieb immer für sich. Er litt unter Autismus. An jenem dunklen Tag meinte ich, dass Paul und ich in einen Abgrund stürzen würden, aber anstelle der Katastrophe geschahen Wunder. Engel in Form von Lehrern, Therapeuten und Kinderfürsorgern kamen uns zur Hilfe; manche von ihnen hätte ich niemals ausgewählt, wenn es nach mir gegangen wäre. Ich bin froh, dass ich mich geirrt hatte. Gott, der alles von Anfang bis Ende kennt, wusste, was Paul auf seiner schwierigen Reise brauchte, und dass ich eine Lektion in Vertrauen und Loslassen lernen musste.

JAYNE THURBER-SMITH

Fehler sind das Tor zu neuen Entdeckungen.
JAMES JOYCE

271

Ich suchte nach einem Weg, meinen Kummer und meinen Schmerz zu überwinden, suchte nach Trost und Linderung nach dem Tod meines vierjährigen Sohns. Ich brauchte eine Freundin, der ich mein Herz ausschütten konnte und die das ihr Anvertraute weder wertend kommentieren noch weitertratschen würde. Ich fühlte mich wie abgeschnürt und brauchte Raum, um meinen Schmerz herauszulassen. Meine Suche brachte mich schließlich zu Stift und Papier, zu den Seiten eines Tagebuchs, wo ich durch das Schreiben Heilung fand. Acht Jahre lang habe ich eine Seite nach der anderen vollgeschrieben, und der anfängliche Schmerz und Zorn ist inzwischen einer süßen Freude gewichen.

ALICE J. WISLER

Kinder sind unschuldig und lieben Gerechtigkeit, während die meisten Erwachsenen boshaft sind und es bevorzugen, Gnade zuzuteilen.

G. K. CHESTERTON

272

Wenn Sie schon eine Weile trocken sind, erkennen Sie, dass dieser Zustand nicht nur darin besteht, nicht mehr süchtig zu sein. Das ist nur der Anfang. Trocken zu sein ermöglicht es, dass das Licht der Seele durchscheint, und es erlaubt Ihnen, die Person zu sein, die Sie eigentlich sein sollen. Die Sucht zu überwinden ist wie das Schrubben verdreckter Fenster. Was hinter dem Glas zum Vorschein kommt, ist schon immer da gewesen, Sie hatten nur noch nie bemerkt, wie schön es ist.

KELLY L. STONE

Wenn man voller Vertrauen an seinen Träumen und Vorhaben festhält, um das Leben zu führen, das man sich wünscht, wird man einen Erfolg haben, den man nicht für möglich gehalten hätte.

HENRY DAVID THOREAU

273

Wenn ich heute in den Spiegel schaue, möchte ich tiefer blicken. Hinter den müden Augen sehe ich eine Stärke, die ich nicht vermutet hätte. Hinter den Falten in meinem Gesicht sehe ich einen Charakter, der zuvor nicht da gewesen ist. Ich sehe eine Frau, die gewachsen ist und sich verändert hat und dies auch weiterhin tun wird. Sie ist ein wenig stärker, ein bisschen weiser und kann besser mit den Dingen umgehen als gestern. Wenn ich mich selbst betrachte, sehe ich nicht nur das, was oberflächlich da ist – ich sehe auch das andere.

LORI OTHOUSE

Es gibt keine Abkürzungen zu einem Ort,
den es sich aufzusuchen lohnt.
BEVERLY SILLS

274

Das Leben läuft nicht an mir vorbei, sondern mitten durch mich hindurch. Es gibt Sterne zu zählen, Blumen zu berühren, Menschen zu grüßen, Düfte zu genießen, Klänge zu hören. Ich bin am Leben. Heute werde ich mich aktiv an der positiven Gestaltung des Lebens in meiner Umgebung beteiligen. Ich werde bewusst und zielgerichtet handeln.

BRENDA NIXON

Das Leben ist wie ein Violinensolo vor großem Publikum, wobei man das Instrument erst während der Vorstellung zu spielen lernt.
SAMUEL BUTLER

275

Der Tanz des Lebens ist ganz einfach. Folgen Sie Ihrem Herzen. Führen Sie mit Ihrer Seele. Seien Sie sich selbst gegenüber ehrlich. Finden Sie heraus, was Sie inspiriert und Ihr inneres Feuer in Gang hält. Halten Sie an Ihren Träumen fest, wenn Enttäuschungen den Himmel verdunkeln und heftige Stürme bringen. Ihre Träume sind die warmen Hoffnungsstrahlen, die Ihnen so lange Halt geben, bis die Sonne wieder scheint. Denken Sie daran, dass Sie schon bald wieder im Wind herumwirbeln und mit ihm Walzer tanzen werden.

MARYELLEN HELLER

*Wenn du dich schon auf dünnem Eis bewegst,
kannst du genauso gut auch tanzen.*
GILL ATKINSON

276

Eine bescheidene Person weist nichts ab, sondern erkennt, dass man alles respektieren muss, was das Leben bringt. Die kleinsten Ereignisse haben oft die größten Auswirkungen. Bescheiden zu sein bedeutet nicht, alles ohne Unterschied hinzunehmen. Seien Sie sich des Wertes Ihrer inneren Ressourcen bewusst, und setzen Sie sie entsprechend ein.

BRAHMA KUMARIS WORLD SPIRITUAL UNIVERSITY

Indem Sie jeder Seele mit Liebe und
Respekt begegnen, erschaffen Sie sich ein Leben voll
Würde und Sinnhaftigkeit.

BRAHMA KUMARIS

277

Heute umgebe ich mich mit Menschen, denen ich etwas wert bin. Es erfüllt mich mit großer Befriedigung, dass es Menschen in meinem Leben gibt, an die ich mich wenden kann. Ich kann auch selbst eine gute Freundin sein. Ich unterstütze und inspiriere andere, ohne mich dadurch für ihr Leben verantwortlich zu fühlen. In der Vergangenheit vermied ich Freundschaften, weil sie zu schmerzhaft, zu fordernd waren. Ich erwartete zu viel von mir und von anderen. Inzwischen weiß ich, dass ich mich nicht länger vor Freundschaften abschirmen muss. Ich kann die Probleme meiner Freundinnen nicht lösen, und sie können meine Probleme nicht wegzaubern. Aber wir können uns gegenseitig unterstützen, uns zuhören und uns umeinander kümmern. Freundschaft und Genesung gehen Hand in Hand.

ROKELLE LERNER

Was wir empfangen, erhält uns am Leben,
aber was wir schenken, gibt unserem Leben Sinn.
ARTHUR ASHE

278

Der Weg Ihrer Genesung mag nicht ohne ein paar Kehrtwendungen verlaufen sein, aber es gibt einen Plan, eine Bestimmung, die auf Sie wartet. Stellen Sie Ihr Schicksal nicht in Frage, fragen Sie nicht: »Warum ich?« Seien Sie stolz darauf, wer Sie sind, und schreiten Sie mutig mit erhobenem Haupt voran. Glauben Sie an sich selbst, und konzentrieren Sie sich auf das Positive, so wird jeder Schritt auf dem Weg zu einem soliden Fundament für Ihre Zukunft.

STACEY CHILLEMI

Zuversicht ist das Gefühl, durch das sich der Verstand auf einen großen und ehrenvollen Kurs begibt, mit fester Hoffnung und Vertrauen in sich selbst.

CICERO

279

Ich bin nicht allein. Heute denke ich daran, dass andere die gleichen Hürden wie ich zu überwinden haben. Sie fühlen den gleichen Schmerz wie ich. Es gibt genügend Hilfsmittel, auf die ich zurückgreifen kann, und genügend Menschen, denen meine Genesung am Herzen liegt. Ich kann mich immer an andere wenden. Ich bin keine einsame Insel. Ich halte Ausschau nach den anderen. Ich breche das Schweigen und spreche mit einer vertrauenswürdigen Person. Dadurch werde ich mich besser fühlen.
KIMBERLY DAVIDSON

Nie bin ich weniger allein,
als wenn ich ganz bei mir bin.
EDWARD GIBBON

280

Während Sie durch Ihr Leben steuern, werden Sie hin und wieder das Gefühl haben, dass alles zu viel für Sie ist. Wenn das der Fall ist, sollten Sie einen Schritt zurücktreten, die Situation prüfen und versuchen, sie von einer anderen Perspektive aus zu betrachten.
Die Hindernisse in Ihrem Leben ermöglichen es Ihnen, die Person zu werden, die Sie sein sollen.

KAREN MARIE AREL

Heute feiere ich das, was ich habe –
oder bedaure das, was ich nicht habe. Ich entscheide
mich dafür, heute zu feiern.

CHARMI SCHROEDER

281

Als ich neulich in einer Kiste stöberte, fing ich an zu lesen. Erinnerungen an mein Leben tauchten auf, und mir wurde warm ums Herz. Ich blieb an den Fotos der Menschen hängen, die nicht mehr unter uns weilen. Ich dankte Gott für die Zeit, die ich mit lieben Menschen verbringen durfte. Ich fand die Bibel meines Großvaters, deren Seiten alt und eingerissen waren. Mein Name steht in diesem Buch; an dem Tag, an dem ich geboren wurde, schrieb man ihn hinein. Ich schloss die Kiste und dachte daran, wie kurz unser Leben ist. Füll die Kiste der Erinnerungen mit positiven Dingen, und Gott wird für den Rest sorgen.

JOAN CLAYTON

*Gute Erinnerungen sind kostbare Bilder,
die wir mit unserem Herzen sehen.*
JOAN CLAYTON

282

Jede Erfahrung – jeder Konflikt, jedes Wachstum – hat einen Sinn. Jede Handlung kann einen bestimmten Zweck erfüllen, aber nur wenn ich es zulasse. Ich schaue mir an, was ich falsch mache, während ich lerne, was funktioniert und was nicht. Mein Leben hat eine Bedeutung und Bestimmung. Heute erlaube ich mir, zu lernen und zu wachsen.

BRENDA NIXON

Hab keine Angst davor, zu langsam zu wachsen; fürchte nur den Stillstand.
CHINESISCHES SPRICHWORT

283

Die Suchtberaterin meines Sohns war eine zierliche, grauhaarige Dame mit genügend Durchsetzungsvermögen, um gehörigen Eindruck auf auffällig gewordene Jugendliche zu machen. Ihr eigener Kampf gegen Alkohol und Drogen war die Grundlage für ihre Entschlossenheit, und ihr Motto, das sie stets im Munde führte, lautete: »Du musst es wollen!« Ihr lebendiges Beispiel für einen erfolgreichen Kampf gegen die Sucht veränderte das Leben meines Sohns, und immer wenn ich mich in einer Situation befinde, in der Wille und Entschlossenheit notwendig sind, höre ich ihre Worte »Du musst es wollen!« wie die Stimme des Sieges in meinem Kopf widerhallen.

ANNETTEE BUDZBAN

Ein guter Anfang ist nicht so wichtig wie ein gutes Ende.
JAMES DOBSON

284

Jeden Tag wird eine neue Seite aufgeschlagen; es liegt an Ihnen, was darauf geschrieben steht. Wird die Seite voller »Hätte ich nur...« oder voller »Ich habe es angepackt« sein? Wenn Ihr Leben einmal dem Ende zugeht, werden Sie dann bedauernd jammern oder das feiern, was Sie erlebt und erreicht haben? Wenn Sie aus Ihrem Erinnerungsbuch vorlesen, wird dann ein Lächeln auf Ihrem Gesicht sein, weil Sie Ihre Reise noch einmal erleben, oder wird Ihr Auge voller Tränen sein, weil Sie an die vielen verpassten Chancen und an das, was alles hätte sein können, denken? Es ist Ihre Entscheidung. Morgen beginnt ein neuer Tag. Blättern Sie die Seite um, und schreiben Sie Ihr Leben so fort, wie Sie es sich wünschen. Sie schreiten jedoch nicht immer auf dem Pfad voran, den Sie sich gewählt haben; manchmal befinden Sie sich auch auf einem Pfad, den das Leben für Sie bestimmt hat.

KAREN MARIE AREL

Es kommt in dieser Welt nicht so sehr darauf an, wo wir stehen, sondern in welche Richtung wir uns bewegen.
OLIVER WENDELL HOLMES

285

Heilung erfordert Energie. Um meine Energie zu bewahren, achte ich darauf, auch immer etwas für mich zu behalten, wenn ich andere liebe und ihnen etwas gebe. Es tut gut zu geben, aber ich gebe nicht so viel, dass ich selbst leer bin. Das gesunde Gleichgewicht von Geben und Behalten ist für meine Genesung sehr wichtig. Heute kann ich anderen geben und gleichzeitig auch für mich sorgen. Ich fühle mich nicht schuldig, wenn ich mich auch um mich selbst kümmere, denn diese Kraft brauche ich für meine Genesung.

BRENDA NIXON

So gern wir auch mit den Menschen zusammen sind, die wir lieben, manchmal spüren wir einen unerklärlichen Frieden, wenn sie nicht da sind.

ANNE SHAW

286

Genauso wie viele andere Menschen, die in Schwierigkeiten stecken, habe auch ich mich wieder der Kirche meiner Kindheit zugewandt, als die Dinge schlecht für mich standen. In der Messe zum Erntedankfest gab es einen Moment, dass wir alle aufstanden, uns bei der Hand nahmen und das Vaterunser sprachen. Ich hielt die Hand meiner Achtjährigen und sie die Hand eines Achtzigjährigen, und so ging es weiter, Hand in Hand, ein geschlossener Kreis von fünfhundert Gläubigen. Die Gegenwart Gottes war für alle spürbar, die Kraft des Glaubens atemberaubend. In unserem gemeinsamen Dank waren wir alle für einen Moment unsterblich.

NANCY BURKE

Der Körper ist ein Universum für sich und genauso heilig wie jede andere Schöpfung. Daher sollte man nie vergessen, dass der Körper ein Tempel Gottes ist.

MAY SARTON

287

In der Vergangenheit hatte es den Anschein, als ob alles zum Scheitern verurteilt wäre, was sie unternahm. Aber sie hatte einen kleinen Kräutergarten. Wenigstens dort konnte sie Dinge zum Wachsen bringen – bis auf die Zitronenmelisse. Jahr für Jahr spross sie eine Weile und starb dann ab. Es war keine große Sache, denn es handelte sich nur um eine Pflanze unter vielen, aber die Zitronenmelisse war zu einem Symbol für ihre Unfähigkeit geworden. Schließlich gab sie auf. Jahre später beobachtete sie neugierig ein zartes Pflänzchen, das offensichtlich kein Unkraut war, wie es aus dem Boden wuchs. Als die Blätter groß genug waren, zerrieb sie eines zwischen den Fingern und roch. Es war eine kleine Zitronenmelisse! Manchmal überwintern die Samen. Hab also Geduld. Sie warten nur auf die rechte Zeit, um zu sprießen.

RHONDA BRUNEA

Beobachte. Warte ab. Die Zeit wird sich entfalten und ihren Zweck erfüllen.
MARIANNE WILLIAMSON

288

Mit achtunddreißig Jahren verstand ich, dass meine Mutter und mein Vater einst keine besseren Eltern für mich sein konnten. Sie hatten getan, was in ihrer Macht stand, und es war nicht persönlich gegen mich gerichtet gewesen. Eines der schönsten Geschenke auf dem Weg meiner Genesung bestand darin, akzeptieren zu können, dass meine Mutter und mein Vater nicht die grenzenlose Liebe besaßen, die ich mir erträumte, und einfach nicht in der Lage waren, mir die Fürsorge, Zärtlichkeit oder Freude zu geben, die ich von ihnen erhoffte. Glücklicherweise gelang es mir, das idealistische Bild von meinen Eltern loszulassen. Bevor sie starben, konnte nicht nur ich ihnen sagen, dass ich sie liebe, auch sie konnten mir schließlich ihre Liebe zeigen.

TED KLONTZ

Es ist ein weiser Vater, der sein eigenes Kind kennt.
WILLIAM SHAKESPEARE

289

Bevor ich mich auf den Weg der Genesung begab, verstand ich nicht, dass ich die Wahl hatte; mir war einfach nicht klar, dass ich die Entscheidungen traf. Ich verbrachte mein ganzes Leben damit, auf Situationen zu reagieren, die ich nicht beeinflussen zu können glaubte. Inzwischen führe ich ein Leben, das auf bewussten Entscheidungen beruht. Ich bestimme, wie ich denke, und meine Gedanken werden zu meiner Realität. Ich bestimme, wie ich reagiere oder ob ich überhaupt reagiere. Ich setze mir Ziele und lerne, mit meinen Entscheidungen zu leben oder die Richtung zu ändern.

DEB SELLARS KARPEK

*Genau in diesem Moment trennt dich
eine Entscheidung von einem neuen Anfang.*
OPRAH WINFREY

290

Mein Vater sagte einmal: »Jeder hat eine Saite, die zu stark gespannt ist.« Er malte einen Kreis und zog vom Mittelpunkt aus Striche, die die straff gespannten Saiten darstellten. Einen Strich nannte er Eitelkeit, einen Habgier, einen anderen Lust und so weiter. Ich nehme an, mein Vater wollte damit sagen, dass niemand vollkommen ist, sondern jeder von uns einen schwachen Bereich hat, der uns ein wenig dumm erscheinen lässt. Aber wir lernen und wachsen. Und wenn wir, mitten in den Herausforderungen des Alltags, nicht aufgeben, sondern an unseren Überzeugungen und Zielen festhalten, werden wir aufblühen und erfolgreich sein.

KAY CONNER PLISZKA

Die mächtige Eiche von heute
ist die kleine Eichel von gestern.

UNBEKANNT

291

Sie hören nie wirklich auf, schön zu sein. Ihr Alter erzeugt ein Leuchten der Weisheit und Zuversicht, das Ihr Haar versilbert und Ihrem Gang eine besondere, würdige Note gibt. Sie erstrahlen als Ihr wahres Selbst, das all die Jahre genutzt hat, um sich zu vervollkommnen.

NADIA ALI

Die wirklich wichtigen Dinge im Leben –
Liebe, Schönheit und die eigene Einzigartigkeit –
werden ständig übersehen.

PABLO CASALS

292

In Zeiten großer Prüfung wissen wir oft nicht, wie wir uns verhalten und in welche Richtung wir uns wenden sollen. In einem solchen Zustand der Verwirrung ist es leicht, die Bedürfnisse der Menschen um uns herum zu vergessen und ganz im eigenen Elend zu versinken. Dennoch hilft uns der Kontakt zu anderen, wieder eine Balance in unser Leben zu bringen. Wenn wir unsere Energie dazu benutzen, einem anderen bei seiner Last zu helfen, wird nicht nur unsere eigene Last leichter, wir finden auch wieder Grund zur Freude. Wir werden aufs Neue inspiriert durch das, was uns gegeben wurde.

MICHELLE CLOSE-MILLS

Wir müssen unsere Grenzen kennen.
Wir alle können etwas,
aber keiner von uns vermag alles.

BLAISE PASCAL

293

Der Grad an Motivation und Willenskraft bestimmt den Erfolg unserer Pläne und die Reichweite unserer Ziele. Wir haben im Leben Erfolg und Misserfolg – je nachdem, wie wir uns entscheiden. Ideen entspringen unseren Gefühlen und Überzeugungen und wandern weiter zum Herzen, wo sie entweder auf den Willen und die Entschlusskraft stoßen oder durch Befürchtungen zugrunde gehen. Wenn die Seele sich fest mit den Träumen verbindet und sie nicht wieder loslässt, bevor sie Wirklichkeit geworden sind, dann weiß sie wahrhaftig, welche Freude die Vorstellungskraft in sich bergen kann.
BETTY KING

Was ich mir vorstellen kann, kann ich sehen.
Was ich sehen kann, kann ich mir zu eigen machen.
Was ich mir zu eigen mache, gehört mir.
BETTY KING

294

Genesung benötigt Zeit. Wenn ich meine Heilung nicht abwarten kann, betrüge ich mich um die notwendige Zeit, die ich brauche, um meinen Kummer zu bewältigen. Wenn ich so tue, als hätte ich niemals Verzweiflung erlebt, sabotiere ich mich selbst und bin nicht mehr ehrlich in Bezug auf meine Gefühle. Ich weiß, dass ich stark genug bin, durch meinen Schmerz hindurchzugehen, und ein Teil dieser Stärke rührt daher, dass ich meine Gefühle nicht ignoriere. Ich vertraue mich Gott in der Gewissheit an, dass meine Heilung in diesem Moment stattfindet.

ROKELLE LERNER

*Gesundheit ist kein Zustand der Materie,
sondern des Geistes.*
MARY BAKER EDDY

295

In unserer gegenwärtigen Kultur betonen wir den Körper, verherrlichen den Intellekt und verehren das Talent. Dennoch ist das Fleisch nur die Verpackung, das Papier, mit dem das eigentliche Geschenk – unsere Seele – eingehüllt ist. Die Ereignisse des Lebens haben die Schleifen und Bänder ein wenig ausgefranst, und die leuchtenden Farben des Papiers verblassen mit der Zeit, aber unsere Seele wächst, indem sie Schwierigkeiten überwinden muss. Sie kennt unsere wahre Bestimmung und macht jeden von uns einmalig und wertvoll.

RENEE HIXSON

Glaube ist das Wissen im Herzen,
das keinen Beweis braucht.
KHALIL GIBRAN

296

Ich weiß, dass ich mit Gottes Hilfe alles tun kann. Wenn ich mich durcheinander oder verlassen fühle, kann ich innerlich um Hilfe bitten und weiß, dass sie da ist. Jeder muss seine eigenen Lektionen lernen, denn deshalb sind wir hier. Wir können nicht die Lektionen eines anderen übernehmen; unsere eigenen Lektionen zu lernen ist schon schwierig genug. Es ist für mich ausreichend, mir meine eigene Psyche anzuschauen und mich mit meiner Unsicherheit und meinen Verletzungen auseinanderzusetzen. Wenn ich versuchen würde, das Leben anderer Menschen für sie zu leben, würde ich mich von Gott trennen, denn mein wichtigster Zugang zu Gott ist in mir selbst.

TIAN DAYTON

Einer auf Gottes Seite ist eine Mehrheit.
WENDELL PHILLIPS

297

Es ist ein wunderbares Gefühl, einen anderen Menschen zu lieben und von ihm geliebt zu werden, aber es gibt nichts Wundervolleres, als sich selbst so zu lieben, wie man ist. Erlauben Sie sich, Ihre innere Schönheit zu sehen, Ihre Stärken und wie viel Sie der Welt zu geben haben. Sie sind speziell und einzigartig; Sie bereichern das Leben anderer. Lieben Sie sich so, wie Sie sind, mit der gleichen Energie und Leidenschaft, mit der Sie andere lieben.

Cori Sachais Swidorsky

Ich mache mir nichts aus dem Urteil anderer Menschen. Ich folge einfach nur meinem eigenen Gefühl.

Wolfgang Amadeus Mozart

298

Ich besitze ein kleines Büchlein, das mein Großvater geschrieben hat. Er spricht zu mir durch Worte auf vergilbten Seiten, und ich höre die Stimme eines Mannes, den ich nie kennenlernte. Manchmal glaube ich, dass er die Geschichten extra für mich geschrieben hat, obwohl ich für ihn nur ein Zukunftsversprechen war. Ich stamme aus einer langen Linie von Geschichtenerzählern, deren Geschichten an die nächste Generation weitergegeben werden. Und wie bei allen Erbstücken liegt die Wertschätzung einzig und allein beim Empfänger. Mir liegen die Geschichten, die an mich weitergegeben wurden, sehr am Herzen. Meine Mutter erzählte mir immer, dass ihr Vater meine Geburt prophezeit habe – das Baby, das nach seinem Tod zu ihr kommen würde. Obwohl ich inzwischen fünfzig Jahre alt bin, liebe ich diese Geschichte noch immer.

ELVA STOELERS

*Deine Narben sind der Beweis dafür,
dass eine Heilung stattgefunden hat.*
JULIA BOYD

299

Wenn man sich gut fühlt, hat man manchmal Lust, sich zu verwöhnen. Kochen Sie sich etwas, das einfach wunderbar schmeckt und viel Aufwand erfordert. Etwas, das Sie gern mit anderen zusammen essen würden. Heute bereiten Sie es nur für sich selbst zu, also lassen Sie sich ruhig Zeit. Dekorieren Sie den Tisch schön, wenn das Essen fertig ist. Zünden Sie Kerzen an, und nehmen Sie Ihr bestes Geschirr. Vergessen Sie nicht eine duftende Rose in einer schlanken Vase. Sie feiern sich selbst. Genießen Sie es.

FELICE PRAGER

Ohne Hast, aber ohne Rast.
GOETHE

300

Ehrlichkeit verpflichtet mich zu gradlinigem Denken und Handeln – zu voller Verantwortungsbereitschaft. Ehrlichkeit ermöglicht es mir, mit einem offenen Herzen zu leben, ohne Selbstanklagen, ohne Schuld- und Schamgefühle, die aus Täuschung und Manipulation entstehen. Aber das Wichtigste ist vielleicht, dass ich damit nach außen signalisiere, dass ich mich selbst akzeptiere und es wert bin, respektiert zu werden.

JEFF MCFARLAND

Kein Vermächtnis ist so wertvoll wie Ehrlichkeit.
WILLIAM SHAKESPEARE

301

In Wirklichkeit sind Diamanten nichts Besonderes. Am Anfang sind sie einfach nur ein Stück Kohle. Sie erhalten eine sehr spezielle Behandlung, die sie von sich aus nie wählen würden. Diamanten wurden sie nur dadurch, weil sie einer so großen Hitze und einem so starken Druck ausgesetzt waren, dass sie kristallisierten. Ohne Druck keine Diamanten. Wir sind alle zukünftige Diamanten, wenn wir dem Druck standhalten.

BARBARA A. CROCE

Diamanten sind nichts weiter als Kohlestückchen, die ihren Job getan haben.
MALCOLM S. FORBES

302

Heute werde ich lernen, in den einfachen Dingen des Alltags das Wirken der spirituellen Kraft wahrzunehmen. Oftmals sind gerade die Dinge, die ich als gegeben betrachte, auf grundlegende Weise für mein persönliches Glück und Wohlbefinden verantwortlich. Wenn ich mir erlaube, das Leben zu genießen, wird meine Seele durch diese einfachen und kleinen Dinge erstrahlen. Das Leben ist ein Gewebe aus feinem Garn. Ich würdige das, was ich als selbstverständlich betrachte.

TIAN DAYTON

Wenn du gewöhnliche Situationen mit außergewöhnlicher Einsicht betrachtest, dann ist es, als würdest du ein Juwel im Abfallhaufen entdecken.

CHÖGYAN TRUNGPA

303

Da ich in einer Umgebung aufwuchs, die von Alkoholsucht geprägt war, gab es oft Krisen und Verwirrung. Angst und Sorge waren meine ständigen Begleiterinnen. Inzwischen befinde ich mich nicht mehr in einem permanenten Krisenzustand. Ich tue alles, was ich kann, um in heiterer Gelassenheit und geistigem Frieden zu leben. Ich nehme mir genügend Zeit, um das zu tun, was ich tun will. Ich führe ein geordnetes Leben und vermeide negative Stimmungen und ewiges Grübeln. Ich denke, bevor ich handle, gehe freundlich mit mir um und vermeide Situationen mit zu viel Tumult und Durcheinander.
Lassen Sie alles ein wenig ruhiger angehen und heitere Gelassenheit Ihr Leben bestimmen.

ROKELLE LERNER

Jeder braucht hin und wieder eine Zeit ohne Familie und Freunde und einen Ortwechsel. Nur wenn man ohne vertraute Menschen an einem neuen Ort ist, kann man sich neuen Einflüssen und Veränderungen öffnen.
KATHARINE BUTLER HATHAWAY

304

Ich kann nicht so tun, als sei ich glücklich, wenn ich es nicht bin. Während ich versuche, den Verlust zu überwinden, fühle ich immer noch den Schmerz und die Wut. Ich will beides einfach hinunterspülen und nehme die Weinflasche aus dem Schrank. In dem Moment, als ich die Hand aus dem obersten Fach zurückziehe, fällt meine Bibel herunter und landet auf dem Küchentisch. Sie erinnert mich daran, dass ich mich zwischen einer vorübergehenden Linderung und einem dauerhaften inneren Frieden entscheiden muss. In den Momenten, in denen ich früher trank, denke ich jetzt nach. Jeden Morgen nehme ich mir die Zeit, etwas Inspirierendes zu lesen und positive Gedanken zu entwickeln. Auf diese Weise lerne ich, einen Tag nach dem anderen zu bewältigen.

THERESA MEEHAN

*Jede bestandene Prüfung macht
die Seele großmütiger und stärker, als sie vorher war.*
JAMES BUCKHAM

305

Kurz nachdem Grace trocken war, begann sie, wieder als Flugbegleiterin zu arbeiten, was ein hohes Rückfallrisiko bedeutete. Eines Tages überkam sie das sehr starke Verlangen nach Alkohol. Sie versuchte, es zu »durchdenken« oder »einfach nicht mehr daran zu denken«, aber das Verlangen war so übermächtig, dass sie sich auf den Weg zu einer der Flughafenbars machte. Tief in ihrem Innern wollte Grace eigentlich nicht trinken, und einem Geistesblitz folgend ging sie zu einem der mit dem internen Ausrufsystem des Flughafens verbundenen Telefone und bat: »Können Sie bitte ausrufen, dass die Freunde von Bill W...«, sie hielt inne und sah sich schnell nach einem momentan ungenutzten Gate um, »zu Gate 12 kommen sollen?«

Es dauerte keine fünf Minuten, da waren etwa fünfzehn Menschen aus aller Welt an diesem Gate versammelt. Grace hat an diesem Tag nicht getrunken. Hilfe ist für alle da, die darum bitten. Sie versagt nie.

Jim C.

Fang irgendwo an. Du kannst mit Dingen,
die du nur vorhast, keine Ehre erlangen.
Liz Smith

306

Wenn ich eine Beziehung mit der Vorstellung eingehe, dass die andere Person mich glücklich und zufrieden machen soll, spekuliere ich darüber, was ich vielleicht von ihr bekomme oder nicht bekomme. Sobald ich von anderen nicht erwarte, dass sie mich glücklich machen sollen, kann ich die Intimität der Beziehung genießen, denn sie beruht dann nicht auf einem zwanghaften Bedürfnis, sondern auf dem liebevollen Umgang miteinander.
Ich verdiene eine Beziehung – nicht, um mich glücklich zu machen, sondern um meinen inneren Reichtum mit einer anderen Person zu teilen.

ROKELLE LERNER

Tue immer das, was du versprochen hast zu tun.
Es ist die Grundlage für erfolgreiche Beziehungen.
JEFFREY A. TIMMONS

307

Das Leben ist ein wunderbares Mysterium. Nachdem wir das eine Problem verstanden haben, werden wir mit einem neuen konfrontiert. Wir sind nicht vollkommen. Wir sind nicht Gott. Wir werden niemals alles verstehen. Früher hat mich das irritiert und wütend gemacht, denn ich wollte über alles Bescheid wissen. Ich wollte auf alle Probleme des Lebens eine Antwort haben. Ich wollte die »Macht«, die der Vollkommenheit entspringt. Ich hasste es, verletzlich, schwach und verwirrt zu sein. Ich hasste es, ein Mensch zu sein. Ja, das war mein Problem. Ich hasste es, ein menschliches Wesen zu sein. Heute genieße ich das Abenteuer des Lebens und bestaune ehrfurchtsvoll seine undurchschaubare Komplexität. Heute ist das Leben ein Paradoxon, mit dem ich leben kann.

REVEREND LEO BOOTH

Die Zukunft bleibt selbst den Menschen verborgen, die sie gestaltet haben.

ANATOLE FRANCE

308

Wenn ich vor der Entscheidung stehe, ein paar Münzen in den Becher eines Bettelnden zu werfen, frage ich mich oft, ob ich damit seine Sucht unterstütze oder gar einer Betrügerei aufsitze. Normalerweise lege ich dann die zweifelhaften Umstände zugunsten der Person aus. Da jeden Tag Tausende durch Drogenmissbrauch, Alkoholismus, Arbeits- und Obdachlosigkeit auf der Straße landen, könnte auch ich oder jemand, den ich liebe, schnell davon betroffen sein. Wenn Sie sich das nächste Mal fragen, warum Gott so viel so wenigen und so wenig so vielen gegeben hat, sollten Sie Folgendes bedenken: Vielleicht hat Gott genug für alle gegeben, und das Problem liegt nur darin, dass die Menschen vergessen haben, dieses großzügige Geschenk miteinander zu teilen.

STEVEN MANCHESTER

Es würden mehr Leute aus ihren Fehlern lernen,
wenn sie nicht so sehr damit beschäftigt wären,
sie abzustreiten.

UNBEKANNT

309

Ein regnerischer Tag kann meine Stimmung manchmal ganz schön drücken. Der graue Himmel, die tristen Farben, der Regen, der gegen die Fensterscheiben prasselt. Ich sehe und höre dies alles und sacke immer mehr ab. Wenn ich auf diese Weise auf das Wetter reagiere, komme ich hin und wieder in eine Abwärtsspirale und fühle mich noch schlechter, weil ich von mir selbst erwarte, heiter und vergnügt zu sein. Ich fange an, mich selbst zu verurteilen: »Warum lässt du dich von ein bisschen Regen so herunterziehen?« Mein Körper reagiert manchmal sehr sensibel auf Veränderungen in der Umgebung. Wenn mir dies bewusst ist, muss ich nicht so kritisch mit mir selbst sein. Ich kann nicht immer euphorisch und glücklich sein, genauso wenig wie der Tag immer sonnig und hell sein kann. Ich erlaube mir, jede Stimmung wahrzunehmen, die ich fühle.

ANNE CONNER

Sie sagte, dass sie mindestens einmal am Tag weine, und zwar nicht, weil sie traurig sei,
sondern die Welt so schön – und das Leben so kurz.

BRIAN ANDREAS

310

Wenn Sie den Zwang spüren, einer Sucht nachzugeben, sollten Sie nicht zu hart mit sich sein. Halten Sie für einen Moment inne, atmen Sie durch, und machen Sie sich vor allem klar, dass das zwanghafte Gefühl wieder verschwinden wird. Wenden Sie sich zur Unterstützung an Freunde, machen Sie einen Spaziergang, schauen Sie sich einen Film an, und warten Sie ab – eine Minute, eine Stunde, einen Tag, bis die Qualen der Versuchung verschwinden und Stärke, Entschlossenheit und Stolz ihren Platz einnehmen.

LISA JO BARR

Achtet also sorgfältig darauf,
wie ihr euer Leben führt, nicht töricht, sondern klug.
Nutzt die Zeit; denn diese Tage sind böse.
EPHESER 5,15–16

311

Alles, was wir zu unserem Glück und einer heiteren Gelassenheit brauchen, befindet sich in unserem Innern. Das Problem ist nur, dass es oft tief unter unseren Lügen und Vorurteilen, unter dem Chaos und den Traumata unseres Lebens vergraben ist. Unsere Herausforderung besteht darin, Glück und Gelassenheit nicht durch äußere oder chemische Mittel wie Alkohol und Drogen zu suchen. Stattdessen müssen wir uns bewusst dafür entscheiden, das himmlische Königreich in uns selbst zu finden. Wir erreichen es, indem wir in unserem Innern aufräumen und entdecken, was uns spirituell verbindet. So lassen wir unser inneres Selbst lebendig werden.

KEVIN J. HOLMES

Ganz und gar der zu sein, der man ist, schafft immer ein gewisses Gefühl der Ruhe und des Friedens.

UGO BETTI

312

Ich halte nach den Silberstreifen am Horizont Ausschau, nach einer tieferen Bedeutung meines Lebens. Wenn ich Leid erfahre oder nicht weiß, was ich tun soll, wenn ich deprimiert oder verletzt bin, suche ich die Hand einer höheren Macht. Ich versuche, zu verstehen, was ich sehen soll, aber nicht sehe, was ich hören soll, aber nicht höre. Mein Leben ist eine Reise, und ich kann den Weg der spirituellen Entwicklung nicht weitergehen, wenn ich mich nicht auf die Wahrheit meiner inneren Welt einlasse. Freude und Schmerz begleiten mein Wachstum. Es muss nicht das eine *oder* das andere sein, denn Schmerz kann sich in Freude verwandeln. Er kann das Feuer sein, das den Boden für neues, zartes Wachstum vorbereitet.

TIAN DAYTON

Was auch immer du tun und erträumen kannst,
du kannst damit beginnen. In der Kühnheit wohnen
Schöpferkraft, Stärke und Zauber.

GOETHE

313

Als ich meinen Schreibtisch aufräumte, stieß ich auf Aufzeichnungen, die ich in meinen dunkelsten Stunden gemacht hatte. Sie waren voll von Schmerz und Wut. Ich hatte Mitgefühl mit dieser Frau, die so schreckliche Dinge durchmachen musste. Tränen liefen mir die Wangen hinunter, als ich in das schwarze Loch sah, in dem ich gelebt hatte. Mein erster Impuls war, diese Dokumente der Verzweiflung in den Abfall zu werfen, aber dann wurde mir klar, dass meine ganze Arbeit aus nichts anderem bestand. Durch das, was ich durchgemacht habe, erhielt ich die Möglichkeit, aus der Hoffnungslosigkeit auszubrechen und das Licht zu erkennen.

ANNE TILLER SLATES

Das Leben eines jeden Menschen ist ein Tagebuch,
und er mag ganz still sein,
wenn er das Geschriebene mit dem vergleicht,
was er geschworen hatte,
aus dem Buch zu machen.

JAMES M. BARRIE

314

Zeit ist das Geld, das uns das Leben schenkt. Jeden Morgen bekommen wir ein neues Bündel Zeitscheine. Wir tauschen sie für das ein, was wir brauchen oder haben wollen, oder wir verschleudern sie – es liegt ganz an uns. Aber eines ist sicher: Wir können Zeit nicht für morgen aufsparen. Sie wird nicht auf uns warten. Wenn wir sie nicht bewusst in Anspruch nehmen, wird sie sich – Sekunde für Sekunde – selbst ausbezahlen. Und irgendwann ist die Zeit abgelaufen.

BARBARA A. CROCE

Das Leben ist ein einziges Fest.
Es sollte nicht nötig sein,
sich nur zu bestimmten Zeiten
an diese Tatsache zu erinnern.

LEO BUSCAGLIA

315

Da ich keinen Führerschein mehr hatte, tat ich das für mich Naheliegendste und kaufte mir ein Pferd. Mit ihm ritt ich nun jeden Abend zu meiner Stammkneipe. Am Morgen erwachte ich dann in meinem eigenen Bett, auch das Pferd war wieder da, aber ich hatte nicht die geringste Erinnerung daran, wie wir nach Hause gekommen waren. Viele Jahre später erzählte uns eine bei den Anonymen Alkoholikern neu dazugekommene Frau von einem jungen Mann, der immer betrunken auf einem Pferd zu ihrer Bar geritten kam. »Ich frage mich, was mit diesem Typen wohl passiert ist«, sagte sie nachdenklich. Ich nahm die Gelegenheit wahr, mich zum Amüsement der restlichen Gruppe bei ihr formvollendet vorzustellen.

Ich werde oft gefragt, warum ich nach diesen vielen Jahren des Trockenseins immer noch an Treffen teilnehme. Meine Antwort darauf: Meine Gegenwart könnte Neuankömmlingen eine Hilfe sein.

REVEREND BOB LEW

Der Mensch ist zur Freiheit verurteilt:
Sobald er in die Welt geworfen wird, ist er für alles
verantwortlich, was er tut.

JEAN-PAUL SARTRE

316

Eine winterliche Landschaft kann kalt und trostlos sein. Der Boden ist hart und kahl, ihm fehlen die wärmenden Sonnenstrahlen. Nichts deutet auf den Frühling hin, und man fragt sich, ob er jemals kommen wird. Tulpen und Osterglocken, die sich im März und April zeigen, sind im Moment nur ein vager Traum.
Das Leben kann sich wie ein Winter anfühlen. Angriffe und Niederlagen lassen Sie vereinsamen und verhärten Sie innerlich. Sie scheuen vor Beziehungen zu anderen Menschen zurück und vermeiden Herausforderungen. Es ist leichter, sich zurückzuziehen, als wieder verletzt zu werden. Aber dann, wenn Sie es am wenigsten erwarten, sprießt aus dem kalten, schneebedeckten Boden ein wunderschöner Krokus.

AVA PENNINGTON

Hab mit allen Dingen Geduld,
aber vor allem mit dir selbst.
FRANZ VON SALES

317

Ich bestehe nicht darauf, dass ich mich nur dann gut fühlen darf, wenn ich perfekt bin. Muss wirklich alles, was ich tue, in meinen Augen oder in den Augen eines anderen höchsten Ansprüchen genügen, damit ich glücklich und zufrieden damit bin? Es ist viel wichtiger, dass ich das Tun an sich genieße und es mich interessiert und befriedigt. Wenn ich süchtig danach bin, jedes Mal Lob und Anerkennung zu bekommen, wird meine Kreativität irgendwann versiegen, weil es nicht natürlich ist, stets hundertprozentig erfolgreich zu sein. Wenn ich dagegen mein Tun genieße und Befriedigung darin finde, bleiben die Türen offen, und meine Kreativität kann frei fließen. Wenn alles hundertprozentig perfekt sein muss, damit ich es akzeptieren kann, blockiere ich mein inneres Fließen.

TIAN DAYTON

Ich glaube, ich habe es ganz gut gemacht,
wenn man bedenkt, dass ich mit einem Stapel weißer
Blätter angefangen habe.
STEVE MARTIN

318

Wir lernen etwas dadurch kennen, dass wir sein Gegenteil erleben. Aus Angst wird Vertrauen und Zuversicht; aus dem Gefühl, ein Opfer zu sein, das Gefühl der eigenen Stärke. Indem wir Mangel erleben, verstehen wir, was Überfluss bedeutet. Wir bleiben stecken und kommen wieder in Fluss. Nach schmerzlichen Erfahrungen können wir uns wieder freuen. Weil wir gehasst haben, wissen wir, was Liebe ist. Durch Momente der Verrücktheit verstehen wir, was Klarheit heißt. Nachdem wir uns in ein geistiges Gefängnis gesperrt haben, wissen wir, was Freiheit bedeutet. Wenn wir dem Tod von der Schippe gesprungen sind, können wir uns wahrhaft auf das Leben einlassen. Genau in dem Ausmaß, wie wir uns vom unbegrenzten göttlichen Fließen abgeschnitten haben, können wir es in diesem Augenblick spüren.

JEFFREY R. ANDERSON

Gott gibt jedem Vogel seinen Wurm,
aber er legt ihn nicht ins Nest.
SCHWEDISCHES SPRICHWORT

319

Worin liegt der Unterschied zwischen dem Bemühen, einfach nur trocken zu bleiben, und der Entscheidung, den Weg der Genesung zu gehen? Trocken zu bleiben bedeutet oft, den Tag nur mit zusammengebissenen Zähnen zu überstehen. Genesung bringt tief empfundene Dankbarkeit und von Herzen kommende Freude ins Leben. Beide Situationen beruhen auf Entscheidungen und erfordern, dass Sie bei der Stange bleiben. Trocken zu bleiben ist die Entscheidung, negatives Verhalten zu vermeiden, das Sie wieder in Ihren alten Lebensstil und in Ihre alte Denkweise katapultiert. Genesung ist die Entscheidung, positive Verhaltensweisen anzunehmen, die es Ihnen ermöglichen, sich in Richtung Gesundheit und Wohlbefinden zu bewegen – und zwar physisch und spirituell.

JOYCE MCDONALD HOSKINS

Nicht die Dinge verändern sich, wir verändern uns.
HENRY DAVID THOREAU

320

Wenn Sie glauben, etwas falsch gemacht zu haben, sollten Sie sich nicht dafür tadeln. Sie würden dadurch Ihren Fehler nur noch verschlimmern. Machen Sie den Fehler stattdessen auf der Stelle wieder gut, und achten Sie darauf, dass er in Zukunft nicht wieder geschieht. Lassen Sie die Erfahrung dann auf sich beruhen. Auch wenn Sie Ihr Bestes geben, sollten Sie immer daran denken, dass Sie ein Mensch mit all seinen Schwächen bleiben. Finden Sie sich damit ab, dass Sie auf dem Weg der Genesung noch viele Fehler machen werden. Die Genesung gibt Ihnen bloß die Werkzeuge an die Hand, die Sie brauchen, um die Dinge zu reparieren, die kaputt sind.

LISA LOGAN

Wenn du dein Gesicht der Sonne zuwendest, fallen die Schatten hinter dich.
INDIANISCHES SPRICHWORT

321

Ich betrachte meine Beziehungen mit neuer Klarheit sowie mit einer neuen Vision, was ich mir von ihnen wünsche, und nehme behutsam die notwendigen Veränderungen vor. Bei meinen alkoholsüchtigen Eltern wurde Intimität entweder unterdrückt oder übertrieben. In meinem Leben als Erwachsene habe ich mich lange Zeit vor Menschen zurückgezogen, um Intimität zu vermeiden. Meine Vorstellung, was es bedeutet, einem anderen Menschen nahe zu sein, verändert sich. Ich fange an, zu verstehen, dass ich nicht für den Menschen verantwortlich bin, den ich liebe, und ich muss nicht meine Identität aufgeben, nur um ein Gefühl von Intimität zu haben. Ich weiß, dass auch diejenigen, die ich liebe, nur Menschen sind, und daher suche ich nach dem Glück und nicht nach Perfektion.
ROKELLE LERNER

Liebe erfordert längst nicht so viel wie Freundschaft.
GEORGE JEAN NATHAN

322

Es hat etwas Heldenhaftes und Großmütiges, ein hungerndes Dorf mit Lebensmitteln zu versorgen oder einem Verdurstenden Wasser zu reichen. Aber wenn ein Mensch unausstehlich, lästig und von seiner äußeren Art her abstoßend ist, halten wir Abstand. Sein selbstgewähltes Verhalten isoliert ihn und vertieft seine Einsamkeit; es unterstreicht die unangenehmen Seiten seiner Persönlichkeit. Solch eine Person sehnt sich nach Liebe und würde alles tun, um das zu empfangen, was wir ihr nicht geben. Durch die Dornen hindurchzureichen und solch eine Seele zu berühren ist ein Akt wahren Mitgefühls, der die Welt verändert.

RENEE HIXSON

Wer in schlechten Zeiten voller Hoffnung in die
Zukunft blickt, ist kein romantischer Narr.
Die menschliche Geschichte ist nicht nur voll
von Grausamkeit, sondern auch voll von Mitgefühl,
Opferbereitschaft und mutigem Einsatz.

HOWARD ZINN

323

Ich werde auf den Inhalt meiner Gedanken achten. Selbst wenn ich sie nicht ausspreche, fühlen andere Menschen die nonverbale Botschaft. Was ich denke, hat größere Auswirkungen, als ich wahrhaben will. Meine Gedanken existieren in einem lebendigen Netz und bewegen sich durch mich hindurch und über mich hinaus. Sie sind ein Teil des kreativen Potenzials des Lebens. Sie nehmen eine konkrete Form an und haben eine bestimmte Wirkung. Ich betrachte mich als eine Reisende, die sich durch die Welt bewegt und weiß, dass sie nicht ewig hier sein wird. Ich bin hier, um zu erleben, wo ich stehe. Ich werde auf meine Gedanken und Handlungen achten und erkennen, wie sie mein Leben beeinflussen.

TIAN DAYTON

Wir können unsere Karten nicht aus dem Spiel zurücknehmen. Selbst wenn wir einfach stumm und sprachlos wären, würde auch unsere Passivität Auswirkungen haben.

JEAN-PAUL SARTRE

324

Das Personal der Notaufnahme schob das Bett mit dem verdreckten Kerl in die sterile Welt der kardiologischen Abteilung. Die dicke, schuppige Haut verriet den ungesunden Lebensstil von zu viel Essen, Alkohol und Drogen. Als die Krankenschwester anfing, ihn zu waschen, betete sie für die Seele eines kleinen, inzwischen erwachsenen Jungen, der mit dem Leben nicht klarkam und verzweifelt versuchte, in einer feindlichen Welt akzeptiert zu werden. Zum Schluss gab sie eine angewärmte Lotion und Babypuder auf seine Haut – welch ein Kontrast zu dem großen, derben Körper. Als er sich wieder auf den Rücken drehte, traten Tränen in seine schönen braunen Augen, und eine zitternde Stimme flüsterte: »Vielen Dank.« In dieser Welt voller Leid und Schmerz, in der Berührung nicht mehr selbstverständlich ist, sollten wir es wagen, die Unberührbaren zu berühren.

NAOMI RHODE

*Wenn Liebe und Talent zusammenwirken,
kann man ein Meisterstück erwarten.*
JOHN RUSKIN

325

Wenn wir wirklich bereit sind, uns hinzugeben – nach Wochen, Monaten oder Jahren, in denen wir halbherzig nach etwas gesucht haben, das größer ist als wir selbst, nach jener unfassbaren Macht, die außerhalb unserer Reichweite zu sein scheint –, bringen wir das Vertrauen auf, uns hoffnungsvoll in die Arme der Liebe fallen zu lassen, die schon immer da gewesen sind, um uns aufzufangen.

CANDY KILLION

Du brauchst nicht nach Indien oder sonst wohin zu fahren, um Frieden zu finden. Du findest eine tiefe Ruhe auch in deinem Zimmer, deinem Garten, ja sogar in deiner Badewanne.

ELISABETH KÜBLER-ROSS

326

Hin und wieder habe ich den Eindruck, dass das Ausmaß und die Komplexität meiner Arbeit mir nur wenig Raum lassen, anderen Menschen wirklich zu helfen. Die Probleme der anderen frustrieren und überwältigen mich. Diese Machtlosigkeit kann dazu führen, dass ich kontrollieren will. Als Helferin bin ich jedoch ein Katalysator. Es ist nicht meine Aufgabe, andere mit Antworten zu versorgen. Ich unterstütze eher Veränderungsprozesse und helfe anderen, ihre eigenen Lösungen zu finden. Ich glaube daran, dass jeder Mensch eine natürliche Schönheit und Stärke besitzt, und ich kann nicht wissen, was für jemanden das Beste ist. Ich werde Entschlossenheit, Stärke, Sicherheit und inneren Frieden verkörpern, was in den Menschen meiner Umgebung ein Echo finden wird.

Rokelle Lerner

*Der erste Schritt zur Lösung
des Problems ist Optimismus.*
John Baines

327

Manche Dinge fressen uns auf, nagen an uns wie Mäuse am Käse. Wenn wir dies zulassen, riskieren wir, zum Schluss in ein Loch zu fallen. Rache ist eins dieser Dinge. Sie ist ein Krebsgeschwür und korrumpiert unsere Seele. Rachegedanken können unser Bedürfnis nach Boshaftigkeit zumindest für einen Moment befriedigen. Aber am Ende laugen sie uns einfach nur aus. Sie hindern uns daran, zu heilen und vorwärtszukommen. Vielmehr sollten wir erkennen, dass die einzigen Menschen, mit denen wir quitt sein sollten – denen wir etwas zurückzugeben haben –, diejenigen sind, die uns zu helfen versuchen.

CAROL MCADOO REHME

Lass den Helden, die Heldin in deiner Seele
nicht in stiller Frustration über ein Leben zugrunde
gehen, das du verdient hast, aber nicht
in der Lage warst zu leben.

AYN RAND

328

Echte Genesung hat weniger damit zu tun, wie der Weg aussieht, auf dem wir wandeln – etwa wo wir leben, was für ein Auto wir fahren, wie viel Geld wir verdienen –, aber umso mehr damit, auf welche Weise wir ihn beschreiten. Es sind unsere Perspektive, unsere Einstellung und unsere Entscheidungen, die uns zu dem machen, was wir sind, und unsere Lebensweise bestimmen. Wir haben die Wahl. Echte Genesung bedeutet, das Leben auf vollkommen neue Art zu betrachten.

JEFFREY R. ANDERSON

Das Leben ist wie ein Echo;
wir bekommen das zurück,
was wir hineingeben.
Und wie bei einem richtigen Echo
erhalten wir oft viel mehr zurück.

BORIS LAUER-LEONARDI

329

Charaktergröße wird leicht mit Stärke und reiner Kraft verwechselt. Doch zeigt sie sich am besten in einer Situation, in der man selbst unfähig und von anderen Menschen abhängig ist. Sie zeigt sich in der Demut, andere um Hilfe zu bitten. Charaktergröße offenbart sich dann, wenn du weißt, dass deine Schwäche vorübergehend ist und in dem Moment aufhört, wenn du die Stärke eines anderen in Anspruch nimmst.

MICHELLE GIPSON

Entdecke das in dir,
was dich stark machen wird:
deine Schwächen.

MICHELLE GIPSON

330

Der Vogel weiß nicht, dass er fliegt. Er hat kein »Vertrauen« in seine Flügel. Er hat nur die Erfahrung, dass er fliegt, wenn der Erdboden unter ihm verschwindet und er neben sich nichts als Leere sieht. Eine wohlmeinende Person mag uns manchmal den Rat geben: »Hab Vertrauen«. Wenn es uns leichtfallen würde zu vertrauen, warum sind wir dann so hungrig nach Spiritualität? Vertrauen hat vielleicht etwas damit zu tun, dass wir Menschen zurückschauen und nachdenken können. Wir erkennen, dass wir in unzähligen miteinander verwobenen Erfahrungen – die manchen vielleicht sogar aus der Bahn geworfen hätten – vieles erduldet und ertragen haben. Wir haben es nicht ertragen, weil wir Vertrauen hatten. Wir haben Vertrauen, weil wir bestimmte Erfahrungen ertragen haben.

NANCY BURKE

Sei wie der Vogel, der sich auf einem zu schwachen Ast niederlässt und dennoch singt – weil er weiß, dass er Flügel hat.
VICTOR HUGO

331

Früher trank ich oft so viel, dass ich mich hinterher an nichts mehr erinnern konnte. Ich wachte auf und wusste nicht, wo ich war und was ich gesagt oder getan hatte. Ich schielte dann durchs Fenster und suchte mein Auto. Oder ich rief an, um herauszufinden, wann ich die Party verlassen hatte und ob irgendetwas vorgefallen war. Wenn ich ein Bad nahm, entdeckte ich oft Prellungen und offene Wunden, ohne mich daran erinnern zu können, wodurch ich sie mir zugezogen hatte. Oft wusste ich aber auch, was ich getan und gesagt hatte, und erinnerte mich genau an mein Verhalten – und dennoch machte ich immer so weiter. Ich habe jahrelang weitergetrunken, weil ich zu stolz war, mir einzugestehen, dass ich Alkoholiker war. Ich hatte die klügsten Ausreden, um meinen kranken Zustand aufrechtzuerhalten. Heute beruht meine Abstinenz auf einer realen Einschätzung der Dinge.

REVEREND LEO BOOTH

Es liegt in der menschlichen Natur,
vernünftig zu denken und unvernünftig zu handeln.

ANATOLE FRANCE

332

Ich brauchte lange, um zu verstehen, was andere damit meinen, wenn sie sagen: »Gott spricht zu mir durch andere Menschen.« Ich wunderte mich, warum ich nicht ebenfalls welterschütternde Ratschläge oder Offenbarungen von hoch oben erhielt. Dann öffnete ich meinen Geist und meine Ohren den Erfahrungen, Stärken und Hoffnungen, die mich umgaben. Meine Höhere Kraft versuchte, Kontakt mit mir aufzunehmen, entweder auf den AA-Meetings, durch meinen Paten, ja selbst durch Freundinnen, die kein Alkoholproblem hatten, aber ich weigerte mich zuzuhören. Heute schenkt mir meine Bereitschaft, das Göttliche in jedem zu sehen, genau die Weisheit und Stärke, die ich brauche. Ich bin bereit, mein Herz der göttlichen Weisheit zu öffnen, die mich umgibt.

AMY ELLIS

Die besten und die schönsten Dinge in der Welt können weder gesehen noch berührt werden – aber man spürt sie im Herzen.

HELEN KELLER

333

Mein Dasein hat ein neues Fundament, das es mir ermöglicht, Liebe und Lebensfreude, Friedfertigkeit und Harmonie zu erfahren. Ich habe wichtige und lohnenswerte Dinge zu tun. Mein Leben hat eine Bedeutung, selbst in alltäglichen Dingen. Meine Zielgerichtetheit setzt meine Energie und meine Kraft frei, und der Sinn meines Lebens besteht darin, die Natur meines Höheren Selbst in allem, was ich tue, zum Ausdruck zu bringen. In mir existiert alles, was ich heute und morgen brauche, um ein erfolgreiches und erfülltes Leben zu führen. Wenn die Sonne untergeht, kann ich zufrieden sein, denn ich weiß, dass ich den ruhigen und friedvollen Abend verdiene und sich meine Lebensgeister für den kommenden Tag erholen.

ROKELLE LERNER

Wir vermögen viele Dinge zu erreichen, könnten vieles sein oder tun. Die Möglichkeiten sind so zahlreich, dass nur ein Viertel unseres Potenzials jemals zum Ausdruck kommt.

KATHERINE ANNE PORTER

334

Glück kommt von innen. Es entspringt mir und ist etwas, das ich ausdrücke und mit anderen teile. Und im Gegensatz zum Großteil meiner Erfahrungen im Leben hängt das Glück nicht von äußerlichen Dingen ab. Während ich also lerne, die Verantwortung dafür zu übernehmen, mit welchen Gefühlen ich auf Menschen und Situationen reagiere, fange ich an, meine Erfahrungen bewusst zu erschaffen. In diesem Prozess verstehe ich immer mehr, dass mein Glück nicht von anderen abhängt, dass nichts »richtig« zu sein braucht und niemand mich lieben muss – außer mir selbst.

JEFF MCFARLAND

*Die Menschen sind in dem Maß glücklich,
wie sie es selbst zulassen.*
ABRAHAM LINCOLN

335

Auf dem Weg der Genesung geht es nicht nur um Wohlbefinden, sondern auch darum, auf den Boden zu kommen. Als ich noch voll in meiner Krankheit steckte, konnte ich das Wirkliche nicht vom Unwirklichen unterscheiden. Ich schwankte ständig zwischen unwahren Dingen hin und her, und die vielen Lügen hatten eine große Leere in mir hinterlassen. Wenn ich jedoch darauf achte, was ich fühle und intuitiv wahrnehme, habe ich Selbstvertrauen und weiß, dass ich nicht länger an der Nase herumgeführt werden kann. Hierin liegen meine Stärke und meine Freiheit. Ich stelle mich dem Leben voller Zuversicht.

ANNA JOY GRACE

*Jede Tugend beweist sich darin,
ob man auch den Mut hat, sie zu leben.*
C. S. LEWIS

336

Stärke – das ist Hoffnung verbreiten, wo Zweifel herrscht, Liebe geben, wo Hass ist, sich Prüfungen stellen, durch Schmerz hindurchgehen, wieder aufstehen, wenn man hinfällt; das ist Freude verbreiten, wo Kummer ist, und vergeben, statt anderen die Schuld zuzuweisen.

SARAH BOESING

Das Leben fordert von dir nur die Stärke,
die du auch besitzt. Nur eine Heldentat ist möglich –
nicht weggelaufen zu sein.

DAG HAMMARSKJÖLD

337

Wenn Sie sich wie eine Maschine antreiben, werden Sie am Ende nur noch wenig Energie haben. Tun Sie Ihrem Geist etwas Gutes, und erlauben Sie ihm, Momente der Stille zu erfahren. Auf diese Weise wird er Ihnen unermüdlich dienen. Achten Sie darauf, wie Ihre Sinne mit Ihrem Geist verknüpft sind. Das Negative, das die Sinne aufnehmen oder hervorbringen, stört die Funktionsweise des Geistes. Um Ihren geistigen Frieden zu bewahren, sollten Sie Ihre Augen, Ihre Ohren und Ihren Mund mit Achtsamkeit benutzen.
Brahma Kumaris World Spiritual University

Statt über andere zu richten,
sollten Sie zum Anwalt ihrer Träume werden.
Brahma Kumaris

338

Ich war an einem Tiefpunkt in meinem Leben angelangt. Teilnahmslos saß ich in einem Meeting und wusste nicht, an wen ich mich wenden sollte. Verzweiflung hatte sich in jeder Faser meines Wesens breitgemacht. Dann geschah etwas Unerwartetes: Der Raum verschwand plötzlich, und ich schwebte in einem alles umfassenden weißen Licht. Es gab keine Angst, keine Traurigkeit; nur bedingungslose Liebe durchströmte mich. Eine sanfte, unglaublich tröstende Stimme forderte mich auf, mir das zu nehmen, was ich brauchte. Ich hatte keine Ahnung, was das sein könnte, aber ich wusste, dass ich es bekommen würde. Als der Raum wieder sichtbar wurde, fühlte ich das weiße Licht in meinem Herzen und wie das Wort »Hoffnung« meinen Geist und meine Seele durchdrang.

ANNE TILLER SLATES

Hoffnung kann Wunder bewirken.
MICHAEL JORDAN SEGAL

339

Als Menschen sitzen wir alle im selben Boot und befinden uns alle auf der gleichen Lebensreise. Wäre es nicht schön, wenn wir uns die Hände reichen, uns gegenseitig helfen und zusammen unsere Erfolge genießen würden?
Strecken Sie heute Ihre Hand aus, und erleben Sie den Frieden und die Begeisterung, die die ganze Menschheit verbinden, wenn wir kooperativ miteinander umgehen und uns gegenseitig helfen. Der Kern der Spiritualität ist unsere Verbindung mit der Welt, die uns umgibt.

RICHARD SINGER

Ich gehe davon aus, dass ich nur einmal auf dieser Welt bin. Das Gute, das ich tue, und jede Freundlichkeit, die ich anderen Menschen erweise, sind deshalb immer Aufgaben für die Gegenwart.

STEPHEN GRELLET

340

Um mich herum leben Menschen, die ich nicht kenne, aber auch Menschen, mit denen ich täglich zu tun habe. Nachbarn, die jede Nacht in ihren nahegelegenen Häusern schlafen. Eine Großmutter. Meine Kinder. Was denken sie? Wie fühlen sie sich? Wir leben Seite an Seite, aber wissen so wenig voneinander. Es ist Zeit, den Menschen in die Augen zu schauen, die den Rasen mähen, im Büro die gemeinsame Kaffeemaschine benutzen oder beim Abendbrot mit am eigenen Tisch sitzen. Nichts ist tragischer, als eng mit einer anderen Seele zusammenzuleben und niemals in sie hineinzuschauen.

Renee Hixson

Das Leben ist ein zu großes Abenteuer, um sich einfach treiben zu lassen. Ich treffe lieber eine Entscheidung, gehe ein Risiko ein und vertraue meinem Weg.

Renee Hixson

341

Als Kind wurde ich oft nicht beachtet – sogar missbraucht. Es war mir zu riskant, mich der Welt zu zeigen, und so versteckte ich mein wahres Selbst und glaubte mich in Sicherheit, wenn ich mich unsichtbar machte. Als Erwachsene habe ich erkannt, dass ich mich zu oft mir selbst gegenüber unsichtbar mache. Ich ignoriere meine Bedürfnisse, verleugne meine Gefühle und wage es nicht, mich den Menschen so zu zeigen, wie ich bin. Wenn ich aufhöre, mich zu verstecken, kann ich voll am Leben teilnehmen, ohne Angst vor Bestrafung oder anderen negativen Konsequenzen. Ich bin nicht länger ein Opfer meiner Biografie.

ROKELLE LERNER

Am besten hilft man sich selbst,
indem man eine gute Freundin findet.
ANN KAISER STEARNS

342

Als ich mit dem Genesungsprozess begann, erkannte ich, dass meine »Machtlosigkeit« hinsichtlich Alkohol paradoxerweise auch etwas Gutes hat. Mir waren zuvor die negativen Faktoren nicht bewusst gewesen, die meine familiäre Veranlagung zum Alkoholismus verstärkten. An die Stelle der eingestandenen »Machtlosigkeit« trat ein starkes Verantwortlichkeitsgefühl für mich selbst und zukünftige Generationen meiner Familie. Indem ich jeden Tag Tagebuch führte, entwickelte ich immer mehr Einsicht. Es stärkte in mir den Wunsch, meinen Teil zu tun, um den Teufelskreis der Sucht in meiner Familie zu unterbrechen. Es war höchste Zeit für mich, die Rolle der Anwältin zu übernehmen und die des Opfers ein für allemal hinter mir zu lassen.

BRENDA L. PETITE RIDGEWAY

Abstinent und gesund zu werden bedeuten nicht nur, keinen Alkohol mehr zu trinken, sondern in erster Linie, Verantwortung zu übernehmen.
BRENDA L. PETITE RIDGEWAY

343

Es war gerade eine sehr stressige Zeit, und ich war glücklich, mit meinem Freund George eine Tasse Tee zu trinken. Er war fünfundneunzig Jahre alt und wusste die Antworten auf all meine unausgesprochenen Fragen. Als Bildhauer und Künstler war George vor der russischen Revolution geflohen und hatte ein Leben in Wohlstand hinter sich gelassen. Nachdem seine Familie von den Bolschewiken ermordet worden war, floh er zu Fuß durch Europa. Ihm waren nur seine Erinnerungen geblieben.
George spürte meine Verzweiflung, nahm meine Hände und sagte: »Schau durch ein anderes Fenster. Wenn dir nicht gefällt, was du in deinem Leben siehst, dann ändere deine Perspektive.« Seit jenem Nachmittag schaue ich durch ein anderes Fenster und freue mich an dem, was ich sehe.

IRENE BUDZYNSKI

Der Mensch wird durch seine Überzeugungen bestimmt. Was er zu sein glaubt, das ist er.
BHAGAVADGITA

344

In den Siebzigerjahren war es Mode, seine Wut auszudrücken. Selbst halbwegs normale Leute verbrachten Stunden damit, Kissen anzuschreien und auf sie einzuschlagen. Glücklicherweise verschwanden die Encounter-Gruppen genauso schnell, wie sie gekommen waren. Es ist jedoch nicht leicht, ungesunde Verhaltensweisen zu überwinden. Die Wut in den Griff zu bekommen ist besonders schwer, weil sie mit einem angenehmen Adrenalinstoß der Selbstgerechtigkeit verbunden ist. Viele von uns fressen daher ihre Wut in sich hinein, was negative Auswirkungen auf Herz und Seele hat und die Person insgesamt schwächt. Ich weiß nicht, welchen Anteil die Wut an meinem schlechten Gesundheitszustand hatte, aber sie tat meiner Genesung mit Sicherheit nicht gut. Es war schwer für mich, auch nur einen Tag nicht ärgerlich und wütend zu werden, aber es gelang mir schließlich. Ich habe dabei festgestellt, dass es nur zwei Möglichkeiten gibt, mit Wut und Ärger umzugehen – entweder vergeben oder weggehen.

NANCY BURKE

Ich nehme alles in mich auf. Ich kann meine Wut nicht ausdrücken und bekomme stattdessen einen Tumor.
WOODY ALLEN

345

Wenn wir ängstlich sind, wollen wir uns manchmal am liebsten vor der Welt verstecken. Aber wenn wir das tun, wird unsere Angst nur noch größer. Isolation wirkt sich nicht fördernd auf die Genesung aus. Bleiben Sie daher auf einfache Weise mit anderen Menschen in Verbindung. Gehen Sie einkaufen, unterhalten Sie sich mit jemandem im Café, belegen Sie ein Seminar, oder besuchen Sie einen kostenlosen Vortrag in einem Buchladen. Kommen Sie aus Ihrem Schneckenhaus heraus, so dass die Welt Sie lieben und Ihnen zeigen kann, wie sehr Sie es verdienen, glücklich zu sein.

LISA JO BARR

Wenn du allein bist, gehörst du dir ganz.
LEONARDO DA VINCI

346

Ich glaube an die Würde jeder einzelnen Seele. Wie ein altes Kunstwerk haben Süchtige eine Patina. Sie sind vielleicht gebrochen und brauchen Hilfe, aber unter der Oberfläche befindet sich viel Schönes: die Fähigkeit, Not und schlechte Behandlung auszuhalten, sowie eine Präsenz, die auf Persönlichkeit beruht. Indem ich freundlich bin, Mitgefühl zeige und das Potenzial und nicht die Vergangenheit sehe, kann ich das Leben jedes Menschen, mit dem ich zu tun habe, auf positive Weise beeinflussen.

PETER VEGSO

Oft und viel zu lachen, das Beste in anderen gefördert zu haben, die Welt ein bisschen besser zu hinterlassen, zu wissen, dass wenigstens eine Seele leichter atmet, weil du gelebt hast – das alles bedeutet, ein erfolgreiches Leben geführt zu haben.

RALPH WALDO EMERSON

347

Lachen kann genauso kraftvoll und transformierend sein wie weinen. Aus tiefster Seele zu lachen – weil ich den Witz wirklich verstanden habe und mich an ihm erfreue – ist eine Erfahrung, die mich ein Stück verändert. Menschen, mit denen wir wirklich lachen können, sind eine besondere Art von Freunden. Ich kann ohne Lachen nicht leben, denn ich wäre dann so fest in mir selbst eingeschlossen, dass ich keine Luft mehr bekäme. Wenn ich lache, löst sich innerlich alles und ordnet sich neu. Es ist daher nicht nur wichtig zu weinen, sondern auch immer wieder zu lachen.

TIAN DAYTON

Niemand, der irgendwann einmal aus ganzem Herzen gelacht hat, kann je ein schlechter Mensch sein.
THOMAS CARLYLE

348

Ich habe weiterhin den Wunsch und die Hoffnung, dass jemand, den ich kenne und liebe, sich verändern wird. Doch was auch immer ich mir wünsche, das diese Person tun sollte – ich kann ihre Entscheidung nicht bestimmen. Ich kann niemanden ändern, nur mich selbst. Nur indem ich mich um meine eigenen Angelegenheiten kümmere, kann ich mich verändern und glücklicher und gesünder werden. Heute werde ich vor meiner eigenen Haustür kehren; die anderen müssen ihre Seite selbst in Ordnung halten.

SALLIE A. RODMAN

Die einzige unumstößliche Gewissheit ist die,
dass nichts unumstößlich oder sicher ist.
JOHN F. KENNEDY

349

Selbstrespekt entsteht nicht durch das, was Sie in Ihrem Leben tun, sondern wie Sie es tun. Es erfordert, dass Sie in allem, was Sie tun, Ihr Bestes geben. Manchmal müssen Sie tief graben, um Ihre guten Eigenschaften freizulegen und an die Oberfläche kommen zu lassen. Einen Moment lang innehalten und schweigen kann die Beständigkeit bringen, die Sie für diese Aufgabe brauchen.
BRAHMA KUMARIS WORLD SPIRITUAL UNIVERSITY

> *Die Welt ist Ihr Garten,*
> *aus dem Sie das Unkraut*
> *des Zweifels ausreißen*
> *und stattdessen Samen*
> *der Hoffnung pflanzen.*
>
> BRAHMA KUMARIS

350

Ich stelle mir vor, dass in diesem Moment ein Traum in Erfüllung geht. Ich sehe, wie der Tisch für mich gedeckt ist. Das Leben unterstützt mich bei der Verwirklichung meiner Wünsche. Es kommt mir zur Hilfe, sobald ich wirklich sehe und fühle, dass das, was ich mir wünsche, möglich ist und nur darauf wartet, sich zu realisieren. Wieder und wieder visualisiere ich das Leben, das ich führen möchte. Ich stelle es mir so vor, als sei es bereits real. Ich gehe davon aus, dass ein solches Leben für mich möglich und in diesem Moment auch greifbar ist. Dann lasse ich meine Vision wieder los. Ich stelle mir vor, wie sich das, was ich mir wünsche, in meinem Leben manifestiert.

TIAN DAYTON

Nur die, die haben, empfangen.
JOSEPH ROUX

351

Wenn ich das, was mir das Leben verspricht, auch tatsächlich verwirklichen will, muss ich mir klarmachen, dass ich kein Opfer bin – es sei denn, ich habe mich dafür entschieden, ein Opfer zu sein. Ja, in meinem Leben sind schmerzhafte Dinge geschehen, aber es macht einen großen Unterschied, den Schmerz zu fühlen oder sich darin zu suhlen. Wenn ich darauf höre, was mein Schmerz mir sagen will, dann erfahre ich, dass ich Überzeugungen habe, die mir nicht länger dienen. Es ist notwendig, dass ich mir gesunde Grenzen stecke und selbst entscheide, wie ich mit bestimmten Ereignissen, Beziehungen und Lebensumständen umgehen will.

JEFF MCFARLAND

Der Mensch ist gleichermaßen unfähig,
die Bedeutungslosigkeit zu erfassen,
aus der er hervortritt, und die Unendlichkeit,
in die er eingebettet ist.

BLAISE PASCAL

352

Vor Geld braucht man keine Angst zu haben, denn es ist nicht die Wurzel allen Übels. Mit der richtigen Einstellung verbessert Geld das Leben. Auf dem Weg der Genesung verändern wir unsere Einstellungen, und wir entwickeln eine positive Haltung zum Geld. Wenn der Erfolg zu uns kommt, können wir den Menschen um uns herum helfen, damit sie ebenfalls aufblühen. Neue Ideen und kreative Gedanken gehen von uns aus, während wir unsere Energien auf bestimmte Ziele richten. Geld kann eines dieser Ziele sein. Es ist eine kraftvolle Quelle des Erfolgs, wenn das Glücksrad anfängt, sich zu unseren Gunsten zu drehen. Über genug Geld zu verfügen ist ein großartiges Gefühl und ein göttliches Recht. Es hilft uns, Vertrauen und Zuversicht zu entwickeln, Spaß zu haben und die Menschen in unserer unmittelbaren Umgebung positiv zu beeinflussen.

YVONNE KAYE

Der Wein erfreut die Lebenden,
das Geld macht alles möglich.
KOHELET 10,19

353

Für mich als Alkoholikerin liegt eine gewisse Ironie in der Fragestellung, ob ein Glas halb leer oder halb voll ist. Jeden Tag die optimistische Sichtweise anzunehmen macht den entscheidenden Unterschied auf dem Weg meiner Genesung aus. Ein guter Tag fängt damit an, dass ich mich daran erinnere, wie weit ich es schon gebracht habe und wie stark ich bin. Ich lasse mich leicht in Alltagsprobleme verwickeln, aber dann sehe ich einen Betrunkenen auf der Straße, heruntergekommen und bettelnd, und werde daran erinnert, dass meine Probleme heute nicht mit den Problemen von damals verglichen werden können, als ich noch eine aktive Alkoholikerin war. Ich habe eine neue Lizenz zum Leben und bin unendlich dankbar dafür.

DORRI OLDS

Ein anderer Blickwinkel hat mir geholfen zu erkennen, dass es keinen Weg zum Glücklichsein gibt. Glücklichsein selbst ist der Weg.
STONEWALL JACKSON

354

Heute öffne ich mich, um Heilung in mein Beziehungsleben zu bringen. So viel im Leben hängt davon ab, wie ich mit mir selbst umgehe. Auch die Qualität meiner Beziehungen zu anderen Menschen wird davon entscheidend bestimmt. Es ist ein synergetischer Effekt. Wenn meine Beziehung zu mir selbst und meine Höhere Kraft stärker werden, wachse ich auch in meinen anderen Beziehungen. Eine echte Heilung der Beziehung zu Menschen, die mir am Herzen liegen, hat viel mehr Bedeutung, als es den Anschein haben mag; sie ist die seelische Transformation des Lebens. Ich erlebe Momente ruhiger Expansion, wenn mein Herz und mein Geist sich tatsächlich so anfühlen, als weiteten sie sich nach allen Seiten aus. Ich bin bereit, Schritt für Schritt zu wachsen und immer mehr zu heilen.

Tian Dayton

Es geht nicht nur darum zu leben,
sondern gesund zu leben.
Martial

355

Jetzt sind es also sechs Wochen, Mama. Was meinst du, wie lange du diesmal durchhältst?« Schockiert blickte ich meinem zehnjährigen Sohn tief in die Augen. Ich sah darin Skepsis, Schmerz und Abscheu als Reaktion auf meinen neuesten Versuch, mit dem Alkohol aufzuhören. Er hatte das alles schon die vielen Male gehört, die ich ihm versichert hatte, mich nicht mehr zu betrinken.

Heute habe ich das Privileg, demselben vertrauensvollen Sohn ins Auge zu blicken, so wie ich es seit jenem Abend der Abrechnung immer getan habe. Ich habe mir die Glaubwürdigkeit verdient. Ich bin verantwortungsbewusst. Das werde ich ihm versichern, und er wird mich wieder ganz fest umarmen. Dieses Mal werde ich sagen: »Es sind nun zwanzig Jahre, mein Sohn. Ich halte durch.«

JANELL H.

*Es wird einmal eine Zeit kommen,
dass du glaubst, alles sei zu Ende.
Das wird der Neubeginn sein.*
LOUIS L'AMOUR

356

Wenn traumatische Ereignisse die Fundamente Ihres Lebens erschüttern, sollten Sie hinaus in die Natur gehen. Gott wird durch seine Schöpfung zu Ihnen sprechen. Gehen Sie allein spazieren, atmen Sie die erfrischende Luft, öffnen Sie Ihre Sinne der Schöpfung, und lassen Sie die Natur Ihre Lehrmeisterin sein. Bei mir fing die Heilung an, als ich beim Bergwandern auf ein leuchtendes Feld von Weidenröschen stieß. Diese wunderschöne Wildpflanze erblüht in aller Pracht an den Stellen, wo zuvor ein Feuer gewütet hat. Ihre purpurroten Blüten sind ein starker Kontrast zur verkohlten Umgebung. Ihr Anblick öffnete mir die Augen, und ich verstand in diesem Moment, dass es darum geht, sich wieder aus der Asche zu erheben und diesmal stärker und lebendiger zu sein als jemals zuvor.

LINDA MEHUS-BARBER

Und hör! Wie vergnügt die Drossel singt!
Auch sie ist keine schlechte Predigerin.
Komm heraus ins Licht,
lass die Natur deine Lehrmeisterin sein.

WILLIAM WORDSWORTH

357

Gefühle sind auf unmittelbare Befriedigung aus, während Vertrauen die Erfüllung unserer echten Bedürfnisse fördert. Gefühle konzentrieren sich auf den Moment, während Vertrauen sich auf die Zukunft bezieht. Gefühle sind mit dem Naheliegenden zufrieden, während Vertrauen bereit ist, auf das Bessere zu warten. Gefühle reagieren unmittelbar, ohne jedes Nachdenken, während Vertrauen Zeit zum Nachdenken beinhaltet. Gefühle sind flüchtig und unbeständig, während sich Vertrauen auf größere Zeitspannen bezieht. Gefühle wollen nur etwas bekommen, während Vertrauen sich dafür entscheidet, an etwas Zukünftiges zu glauben. Welchen Gefühlen erlaube ich immer noch, mich im Griff zu haben? Was kann ich wählen, um heute mein Vertrauen ins Spiel zu bringen, damit es morgen meinen wahren Bedürfnissen dient?

ANNE CALODICH FONE

Vertrauen kann uns noch weiter
voranbringen als unser Gefühl.
ANNE CALODICH FONE

358

Ich litt sehr unter der Sucht meines Partners. Enttäuschungen, Manipulationen, das Gefühl, emotional benutzt und betrogen zu werden, dämpften meinen Lebenswillen. Es war nicht leicht, einfach nur den nächsten Tag zu überstehen. Nach all dem, was ich durchgemacht hatte, würde man doch von mir keine Vergebung erwarten!
Ich habe meine alte Definition von Vergebung losgelassen. Vergebung bedeutet nicht, dass ich jemanden, der mich verletzt hat, aus der Verantwortung entlasse. Es geht vielmehr darum, mich selbst aus der Verantwortung zu nehmen. Ich kann fühlen, heilen, mich ausdrücken und in der Freude des Augenblicks leben. Ich weiß, dass ich vergeben habe, wenn der Schmerz von gestern nicht länger als dunkle Wolke die Sonne heute bedeckt. In welchen Bereich meines Lebens soll heute mehr Sonne hineinscheinen?

ANNA JOY GRACE

Es ist leichter, einem Feind
zu vergeben als einem Freund.
WILLIAM BLAKE

359

Der Weihnachtsbaum war zerstört, die Geschenke waren zertrampelt, unser Vater war betrunken, doch für einen Moment, für einen einzigen Moment, sollte all das keine Rolle spielen. Mein neunjähriger Bruder schoss wie eine Rakete aus dem Bett, holte tief Atem und sagte: »Hör doch, der Weihnachtsmann!« Ich lauschte auf das kratzende Geräusch auf dem Dach, das mich eher an Eichhörnchen denken ließ. Als ich mich meinem Bruder zuwandte, sah ich verblüffenderweise ein Lächeln. Tiefes Vertrauen und ehrfürchtiges Staunen funkelten in Pauls blaugrünen Augen, und für einen Augenblick glaubte auch ich an die Wunder der Weihnacht. Jene dramatischen Festtage sind jetzt nur noch ein ferner Albtraum. Doch werde ich mich immer an das Geschenk erinnern, das ich an jenem Weihnachtstag bekam – ein Geschenk der Hoffnung.

RAQUEL M. STRAND

Tu, was du kannst, mit dem,
was du hast, dort, wo du bist.
THEODOR ROOSEVELT

360

Ich befinde mich auf einer spirituellen Reise. Die spirituelle Kraft ruft mich innen und außen. Ich spüre, wie sie leise in mein inneres Ohr flüstert. Mein Körper fühlt sich lebendiger an, wenn ich die spirituelle Kraft einlade, sich mir zu zeigen. Sie durchdringt alle meine Poren und belebt mich mit Energie. Sie erfüllt die Leere und lässt mein inneres Wesen dank ihrer Gegenwart überfließen. Immer wenn ich still werde und dieser Kraft erlaube, meine Welt zu betreten, wartet sie schon auf mich – immer bereit, wahrgenommen und eingeladen zu werden.

Tian Dayton

Auf der langen Reise des Lebens ist das Vertrauen der beste Begleiter; es ist die beste Erfrischung und die beste Eigenschaft.

Buddha

361

Die menschliche Berührung kann den Weg durch die Dunkelheit weisen. Wenn wir eine Hand halten können, brauchen wir das Licht nicht zu sehen. Eine Umarmung spricht eine Sprache, die keine Buchstaben hat und nicht übersetzt zu werden braucht. Eine sanfte Umarmung kann einen Schmerz trösten, der zu tief ist, um ausgesprochen zu werden. Wenn die Einsamkeit uns auf eine Insel zu verbannen scheint, fernab von jeder Hoffnung, dann ist die Berührung durch einen lieben Menschen eine Brücke der Zuversicht, Heilung und Zugehörigkeit. Wir müssen weder gut reden können, noch brillant oder gar vollkommen sein. Wir brauchen einfach nur die Hand auszustrecken und eine andere Seele zu berühren.

RENEE HIXSON

Wenn wir die Seele eines anderen Menschen berühren, wandeln wir auf heiligem Boden.

STEPHEN COVEY

362

Unsere Kinder sind mit den Konsequenzen konfrontiert, die unsere Suche nach uns selbst mit sich bringen. Sie sehen, dass wir unsere innere Wahrheit oft vermeiden und nicht bereit sind, uns mit ihr auseinanderzusetzen. Sie sind jedoch die Nutznießer, wenn wir uns nicht belügen und uns nicht von unseren Zielen abbringen lassen. Sie profitieren davon, dass wir Berge ersteigen und Gipfel erklimmen.

Betty King

Wenn stürmisches Wetter herrscht und das kleine Rotkehlchen auf seinem Nest sitzt, dann sorgt es sich um die Sicherheit seiner Eier, denn es ist die nächste Generation, der die Zukunft gehört.

Betty King

363

Ungeteilte Aufmerksamkeit ist eins der größten Geschenke, die ich einer anderen Person geben kann, wenn sie jemanden braucht, der ihr zuhört. Wirkliches Zuhören ist ein selbstloser Akt. Ohne ein Wort zu sagen, können wir eine Person, die gerade mit einem Problem kämpft, emotional auffangen und unterstützen. Wir können ihr dabei helfen, ihr Leben zu verändern oder eine neue Idee zu durchdenken. Stellen Sie sich ganz auf den anderen Menschen ein, um das, was er sagt, optimal zu erfassen. Es ist nicht nötig, Ratschläge zu geben. Wir brauchen nur unseren Geist und unser Herz für das zu öffnen, was gesagt wird.

SHERRIE M. JOHNSTON

Im Zuhören, nicht im Imitieren,
besteht vielleicht das aufrichtigste Kompliment,
das wir jemandem machen können.

JOYCE BROTHERS

364

Mir ist klar, dass die Genesung aus vielen kleinen Schritten und subtilen Veränderungen in der inneren Einstellung besteht. Es geht nicht darum, anders zu reden, sondern anders zu sein. Ich halte mich an meine Vorhaben und führe ein einfaches Leben. Ich lasse es nicht zu, dass jemand unter meinem Dach beschimpft oder schlecht behandelt wird. Ich habe eine positive Einstellung gegenüber dem Leben. Auf dem Weg der Genesung geht es nicht nur darum, meine Vergangenheit aufzuarbeiten – es geht auch darum, sie nicht zu wiederholen. Es sind die kleinen Schritte, die letztlich zählen. Eine kleine innere Veränderung kann – wenn sie wirklich geschieht – eine größere Transformation bewirken als eine große Veränderung im Außen. Wenn ich mir selbst Ziele setze, die ich unmöglich erreichen kann, dann ist das eine andere Art, weiterhin krank zu bleiben. Einen kleinen Schritt gut zu machen gibt mir Selbstvertrauen und Gelassenheit.

TIAN DAYTON

Unsere Gesundheit besteht in unserer
guten Beziehung zu äußeren Dingen und unserer
Übereinstimmung mit dem äußeren Sein.
RALPH WALDO EMERSON

365

Sie sind ein einzigartiges Individuum, das reich beschenkt ist: Sie können träumen, sich entwickeln, Ihre Talente einsetzen und Ihr Potenzial nutzen. Verwirklichen Sie den Traum Ihres Lebens, indem Sie mit Liebe, Inspiration, Vergebung und Selbstlosigkeit nach außen gehen. Berühren Sie die Menschen im Herzen. Bringen Sie Ihre grenzenlose Begeisterungsfähigkeit und Ihre positive Einstellung ein. Vielleicht gelingt es Ihnen einfach durch Ihr Beispiel, den Traum eines anderen Menschen Wirklichkeit werden zu lassen.

GEORGE H. MOFFETT

Träume, als ob du ewig leben würdest,
und lebe, als würdest du heute sterben.
JAMES DEAN

Quellennachweis

Wir haben Textstellen aus den folgenden Büchern entnommen:

366 Encouragements for Prosperity © 1992 Yvonne Kaye. www.yvonnekaye.com

Chicken Soup for the Nurse's Soul © 2001 Jack Canfield und Mark Victor Hansen.

Hühnersuppe für die Seele – Gute Besserung! © 2006 Jack Canfield und Mark Victor Hansen.

Daily Affirmations for Adult Children of Alcoholics © 1985 Rokelle Lerner.

Daily Affirmations for Forgiving and Moving On und *Daily Affirmations for Parents* © 1992 sowie *The Soul's Companion* © 1995 Dr. phil. Tian Dayton.

Wings of Soul und *Pearls of Wisdom* © 1999 sowie *Eternal Blessing* © 2000 Brahma Kumaris. www.bkwsu.de

Say Yes to Life © 1997 Reverend Leo Booth. www.fatherleo.com

You Can't Quit Till You Know What's Eating You © 1990 Donna LeBlanc. www.donnaleblanc.com

Dr. phil. Robert J. Ackerman: Text 13. September, © 2005 Robert J. Ackerman; nachgedruckt mit Genehmigung aus *Hühnersuppe für die Seele – Gute Besserung!* © 2006 Jack Canfield und Mark Victor Hansen.

Nadia Ali, © 2005 Nadia Ali.

Jeffrey R. Anderson, © 2005 Jeffrey R. Anderson.

Karen Marie Arel, © 2005 Karen Marie Arel.

Maria Isabel A. Arellano, © 2005 Maria Isabel A. Arellano.

Suzanne Baginskie, © 2005 Suzanne Baginskie.

Lisa Jo Barr: Text 29. Januar, © 2005 Lisa Jo Barr; nachgedruckt mit Genehmigung aus *Hühnersuppe für die Seele – Gute Besserung!* © 2006 Jack Canfield und Mark Victor Hansen.

Godwin H. Burton, nachgedruckt mit Genehmigung aus *Hühnersuppe für die Seele – Gute Besserung!* © 2006 Jack Canfield und Mark Victor Hansen.

Elizabeth Batt, © 2004 Elizabeth Batt.

Amelia Rose Bederka, wie erzählt von Steve Bederka-Toth, © 2005 Steve Bederka-Toth.

Ann Best, nachgedruckt mit Genehmigung aus *Hühnersuppe für die Seele – Gute Besserung!* © 2006 Jack Canfield und Mark Victor Hansen.

Linda C. Bird, nachgedruckt mit Genehmigung aus *Chicken Soup for the Nurse's Soul* © 2001 Jack Canfield und Mark Victor Hansen.

Loretta McCann Bjorvik, nachgedruckt mit Genehmigung aus *Hühnersuppe für die Seele – Gute Besserung!* © 2006 Jack Canfield und Mark Victor Hansen.

Claudia Black, nachgedruckt mit Genehmigung aus *Hühnersuppe für die Seele – Gute Besserung!* © 2006 Jack Canfield und Mark Victor Hansen.

Sarah Boesing, © 2004 Sarah Boesing.

Carol J. Bonomo, nachgedruckt mit Genehmigung aus *Hühnersuppe für die Seele – Gute Besserung!* © 2006 Jack Canfield und Mark Victor Hansen.

Joanna Booher, © 2005 Joanna Booher.

Leo Booth, nachgedruckt mit Genehmigung aus *Say Yes to Life* © 1997 Reverend Leo Booth.

Cynthia Borris, nachgedruckt mit Genehmigung aus *Hühnersuppe für die Seele – Gute Besserung!* © 2006 Jack Canfield und Mark Victor Hansen.

Nicole Braddock, © 2005 Nicole Braddock.

Brahma Kumaris World Spiritual University, nachgedruckt mit Genehmigung aus *Wings of Soul* © 1999, *Pearls of Wisdom* © 1999 und *Eternal Blessings* © 2000.

Stuart Brantley, nachgedruckt mit Genehmigung aus *Hühnersuppe für die Seele – Gute Besserung!* © 2006 Jack Canfield und Mark Victor Hansen.

Carol Van Dyke Brown, © 2005 Carol Van Dyke Brown.

Rhonda Brunea, © 2005 Rhonda Brunea.

Annettee Budzban, © 2005 Annettee Budzban.

Irene Budzynski, © 2005 Irene Budzynski.

Nancy Burke, © 1995 Nancy Burke.

Jim C., Jr., nachgedruckt mit Genehmigung aus *Hühnersuppe für die Seele – Gute Besserung!* © 2006 Jack Canfield und Mark Victor Hansen.

Rachel Caplin, nachgedruckt mit Genehmigung aus *Hühnersuppe für die Seele – Gute Besserung!* © 2006 Jack Canfield und Mark Victor Hansen.

Jenna Cassell, nachgedruckt mit Genehmigung aus *Hühnersuppe für die Seele – Gute Besserung!* © 2006 Jack Canfield und Mark Victor Hansen.

Emily Chase, © 2005 Emily Chase.

Lilian Sau Leng Chee, © 2005 Lilian Sau Leng Chee.

Stacey Chillemi, © 2005 Stacey Chillemi.

David Claerr, © 2005 David Claerr

Joan Clayton, © 2003 Joan Clayton.

Michelle Close-Mills, © 2005 Michelle Close-Mills.

Anne Connor, © 2005 Anne Connor.

Ann Coogler, © 2005 Ann Coogler.

Barbara A. Croce, © 2005 Barbara A. Croce.

Dr. med. Joseph R. Cruse, nachgedruckt mit Genehmigung aus *Hühnersuppe für die Seele – Gute Besserung!* © 2006 Jack Canfield und Mark Victor Hansen.

John Crusey, nachgedruckt mit Genehmigung aus *Hühnersuppe für die Seele – Gute Besserung!* © 2006 Jack Canfield und Mark Victor Hansen.

Kimberly Davidson, © 2005 Kimberly Davidson.

Linda S. Day, nachgedruckt mit Genehmigung aus *Hühnersuppe für die Seele – Gute Besserung!* © 2006 Jack Canfield und Mark Victor Hansen.

Sala Dayo, © 2005 Sala Dayo; Beitrag 26. Januar nachgedruckt mit Genehmigung aus *Hühnersuppe für die Seele – Gute Besserung!* © 2006 Jack Canfield und Mark Victor Hansen.

Tian Dayton, nachgedruckt mit Genehmigung aus *Daily Affirmations for Forgiving and Moving On* © 1992, *Daily Affirmations for Parents* © 1992, *The Soul's Companion* © 1995.

Ed Donally, nachgedruckt mit Genehmigung aus *Hühnersuppe für die Seele – Gute Besserung!* © 2006 Jack Canfield und Mark Victor Hansen.

Nancy Eckerson, © 2005 Nancy Eckerson.

Julia Jergensen Edelman, nachgedruckt mit Genehmigung aus *Hühnersuppe für die Seele – Gute Besserung!* © 2006 Jack Canfield und Mark Victor Hansen.

Carla Edmisten, © 2005 Carla Edmisten.
Amy Ellis, © 2005 Amy Ellis.
Lana Fletcher, © 2005 Lana Fletcher.
Anne Calodich Fone, © 2005 Anne Calodich Fone.
Darlene Franklin, © 2005 Darlene Franklin.
Dr. phil. John C. Friel, nachgedruckt mit Genehmigung aus *Hühnersuppe für die Seele – Gute Besserung!* © 2006 Jack Canfield und Mark Victor Hansen.
Valerie Frost, © 2005 Valerie Frost.
Michelle Gipson, © 2005 Michelle Gipson.
Anna Joy Grace, © 2005 Anna Joy Grace.
Vicki Graf, © 2005 Vicki Graf.
Carol Davis Gustke, nachgedruckt mit Genehmigung aus *Hühnersuppe für die Seele – Gute Besserung!* © 2006 Jack Canfield und Mark Victor Hansen.
Janell H., nachgedruckt mit Genehmigung aus *Hühnersuppe für die Seele – Gute Besserung!* © 2006 Jack Canfield und Mark Victor Hansen.
Erin Hagman, nachgedruckt mit Genehmigung aus *Hühnersuppe für die Seele – Gute Besserung!* © 2006 Jack Canfield und Mark Victor Hansen.
Karen Hall, © 2005 Karen Hall.
Joyce Harvey, © 2003 Joyce Harvey.
Shary Hauer, © 2005 Shary Hauer.
Debbie Heaton, nachgedruckt mit Genehmigung aus *Hühnersuppe für die Seele – Gute Besserung!* © 2006 Jack Canfield und Mark Victor Hansen.
Maryellen Heller, © 2005 Maryellen Heller.
Miriam Hill, nachgedruckt mit Genehmigung aus *Hühnersuppe für die Seele – Gute Besserung!* © 2006 Jack Canfield und Mark Victor Hansen.
Renee Hixson, © 2005 Renee Hixson.
Elaine Ingalls Hogg, © 2005 Elaine Ingalls Hogg.
Patricia Holdsworth, nachgedruckt mit Genehmigung aus *Hühnersuppe für die Seele – Gute Besserung!* © 2006 Jack Canfield und Mark Victor Hansen.
Kevin J. Holmes, © 2005 Kevin J. Holmes.
Joyce McDonald Hoskins, © 2005 Joyce McDonald Hoskins.

Christyna Hunter, © 2004 Christyna Hunter.

Debra Jay, nachgedruckt mit Genehmigung aus *Hühnersuppe für die Seele – Gute Besserung!* © 2006 Jack Canfield und Mark Victor Hansen.

Marilyn Joan, nachgedruckt mit Genehmigung aus *Hühnersuppe für die Seele – Gute Besserung!* © 2006 Jack Canfield und Mark Victor Hansen.

Sherrie M. Johnston, © 2004 Sherrie M. Johnston.

Deb Sellars Karpek, © 2005 Deb Sellars Karpek.

Dr. phil. Yvonne Kaye, *366 Encouragements for Prosperity* © 1992 Yvonne Kaye.

Joy Neal Kidney, © 2005 Joy Neal Kidney.

Candy Killion, © 2005 Candy Killion.

Betty King, © 2005 Betty King.

Eleanor Kirk, © 2005 Eleanor Kirk.

Ted Klontz, nachgedruckt mit Genehmigung aus *Hühnersuppe für die Seele – Gute Besserung!* © 2006 Jack Canfield und Mark Victor Hansen.

Pamela Knight, © 2005 Pamela Knight.

Lisa Kugler, nachgedruckt mit Genehmigung aus *Hühnersuppe für die Seele – Gute Besserung!* © 2006 Jack Canfield und Mark Victor Hansen.

Laura Hayes Lagana, nachgedruckt mit Genehmigung aus *Chicken Soup for the Nurse's Soul,* © 2001 Jack Canfield und Mark Victor Hansen.

Myrna Beth Lambert, © 2005 Myrna Beth Lambert.

Earnie Larsen, nachgedruckt mit Genehmigung aus *Hühnersuppe für die Seele – Gute Besserung!* © 2006 Jack Canfield und Mark Victor Hansen.

Christine Learmonth, © 2005 Christine Learmonth, Beitrag 12. Juli nachgedruckt mit Genehmigung aus *Hühnersuppe für die Seele – Gute Besserung!* © 2006 Jack Canfield und Mark Victor Hansen.

Donna LeBlanc, nachgedruckt mit Genehmigung aus *You Can't Quit Till You Know What's Eating You,* © 1990 Donna LeBlanc.

Tracey W. Lee, nachgedruckt mit Genehmigung aus *Hühnersuppe für die Seele – Gute Besserung!* © 2006 Jack Canfield und Mark Victor Hansen.

Lynne Lepley, © 2005 Lynne Lepley.

Rokelle Lerner, nachgedruckt mit Genehmigung aus *Daily Affirmations for Adult Children of Alcoholics,* © 1985 Rokelle Lerner.

Bob Lew, nachgedruckt mit Genehmigung aus *Hühnersuppe für die Seele – Gute Besserung!* © 2006 Jack Canfield und Mark Victor Hansen.

Jaye Lewis, © 2005 Jaye Lewis; Beitrag 15. Januar nachgedruckt mit Genehmigung aus *Hühnersuppe für die Seele – Gute Besserung!* © 2006 Jack Canfield und Mark Victor Hansen.

Perry D. Litchfield, nachgedruckt mit Genehmigung aus *Hühnersuppe für die Seele – Gute Besserung!* © 2006 Jack Canfield und Mark Victor Hansen.

Lisa Logan, © 2005 Lisa Logan.

Barbara Elizabeth Lowell, © 2005 Barbara Elizabeth Lowell.

Steven Manchester, nachgedruckt mit Genehmigung aus *Hühnersuppe für die Seele – Gute Besserung!* © 2006 Jack Canfield und Mark Victor Hansen.

Lee R. McCormick, nachgedruckt mit Genehmigung aus *Hühnersuppe für die Seele – Gute Besserung!* © 2006 Jack Canfield und Mark Victor Hansen.

Jeff McFarland © 2005 Jeff McFarland.

Elaine Young McGuire, © 2005 Elaine Young McGuire.

David Mead, nachgedruckt mit Genehmigung aus *Hühnersuppe für die Seele – Gute Besserung!* © 2006 Jack Canfield und Mark Victor Hansen.

Theresa Meehan, © 2005 Theresa Meehan.

Letitia Trimmer Meeks, nachgedruckt mit Genehmigung aus *Hühnersuppe für die Seele – Gute Besserung!* © 2006 Jack Canfield und Mark Victor Hansen.

Linda Mehus-Barber, © 2005 Linda Mehus-Barber.

Jane Middelton-Moz, nachgedruckt mit Genehmigung aus *Hühnersuppe für die Seele – Gute Besserung!* © 2006 Jack Canfield und Mark Victor Hansen.

Jann Mitchell, nachgedruckt mit Genehmigung aus *Hühnersuppe für die Seele – Gute Besserung!* © 2006 Jack Canfield und Mark Victor Hansen.

Teri Mitchell, © 2003 Teri Mitchell.

Jerry Moe, nachgedruckt mit Genehmigung aus *Hühnersuppe für die Seele – Gute Besserung!* © 2006 Jack Canfield und Mark Victor Hansen.

George H. Moffett, © 2005 George H. Moffett.

Mary Lee Moynan, © 2005 Mary Lee Moynan.

Linda Myers-Sowell. © 2005 Linda Myers-Sowell.

Irma Newland, © 2005 Irma Newland.

Brenda Nixon, © 2005 Brenda Nixon.

Dr. phil. Patricia O'Gorman, nachgedruckt mit Genehmigung aus *Hühnersuppe für die Seele – Gute Besserung!* © 2006 Jack Canfield und Mark Victor Hansen.

Dorri Olds, © 2005 Dorri Olds.

Julie Orlando, nachgedruckt mit Genehmigung aus *Hühnersuppe für die Seele – Gute Besserung!* © 2006 Jack Canfield und Mark Victor Hansen.

Lori; Othouse, © 2005 Lori Othouse.

Todd Outcalt, nachgedruckt mit Genehmigung aus *Hühnersuppe für die Seele – Gute Besserung!* © 2006 Jack Canfield und Mark Victor Hansen.

Alexandra P., © 2005 Alexandra P.

Theresa Peluso, nachgedruckt mit Genehmigung aus *Hühnersuppe für die Seele – Gute Besserung!* © 2006 Jack Canfield und Mark Victor Hansen.

Ava Pennington, © 2005 Ava Pennington.

Maribeth Pittman, © 2005 Maribeth Pittman.

Kay Conner Pliszka, © Kay Conner Pliszka; Beitrag 18. September, nachgedruckt mit Genehmigung aus *Hühnersuppe für die Seele – Gute Besserung!* © 2006 Jack Canfield und Mark Victor Hansen.

Felice Prager, © 2004 Felice Prager.

Das Zitat des Reiki-Prinzips unterliegt keinen Abdruckgenehmigungen. Reiki ist eine alte japanische Technik zum Ausgleich der Lebensenergie durch Händeauflegen. Reiki fördert Heilung, Stressabbau und Entspannung.

Peggy Reeves, © 2005 Peggy Reeves.

Carol McAdoo Rehme, © 2005 Carol McAdoo Rehme.

Jennifer M. Reinsch, nachgedruckt mit Genehmigung aus *Hühnersuppe für die Seele – Gute Besserung!* © 2006 Jack Canfield und Mark Victor Hansen.

Naomi Rhode, nachgedruckt mit Genehmigung aus *The Chicken Soup fort he Nurse's Soul,* © 2001 Jack Canfield und Mark Victor Hansen.

Brenda Ridgeway, © 2005 Brenda Ridgeway.

Carla Riehl, nachgedruckt mit Genehmigung aus *Hühnersuppe für die Seele – Gute Besserung!* © 2006 Jack Canfield und Mark Victor Hansen.

Sallie A. Rodman, © 2005 Sallie A. Rodman, Beitrag 20. Februar nachgedruckt mit Genehmigung aus *Hühnersuppe für die Seele – Gute Besserung!* © 2006 Jack Canfield und Mark Victor Hansen.

Thom Ruthledge, © 2004 Thom Ruthledge.

Benneth Lee, wie es Mark Sanders erzählt wurde, nachgedruckt mit Genehmigung aus *Hühnersuppe für die Seele – Gute Besserung!* © 2006 Jack Canfield und Mark Victor Hansen.

Harriet May Savitz, © 2005 Harriet May Savitz.

Jennie Schaefer, nachgedruckt mit Genehmigung aus *Hühnersuppe für die Seele – Gute Besserung!* © 2006 Jack Canfield und Mark Victor Hansen.

Glenda Schoonmaker, © 2005 Glenda Schoonmaker.

Charmi Schroeder, © 2005 Charmi Schroeder.

Shannon, nachgedruckt mit Genehmigung aus *Hühnersuppe für die Seele – Gute Besserung!* © 2006 Jack Canfield und Mark Victor Hansen.

Sharon Siepel, © 2005 Sharon Siepel.

Richard Singer, © 2005 Richard Singer.

Anne Slates, © 2005 Anne Slates.

Bruce Squiers, © 2005 Bruce Squiers.

Elva Stoelers, © 2005 Elva Stoelers; Beitrag 9. Juli nachgedruckt mit Genehmigung aus *Hühnersuppe für die Seele – Gute Besserung!* © 2006 Jack Canfield und Mark Victor Hansen.

Aingeal Stone, © 2005 Aingeal Stone.

Kelly L. Stone, © 2005 Kelly L. Stone.

Raquel M. Strand, © 2005 Raquel M. Strand; Beitrag 25. Dezember nachgedruckt mit Genehmigung aus *Hühnersuppe für die Seele – Gute Besserung!* © 2006 Jack Canfield und Mark Victor Hansen.

Linda Suroviec, © 2005 Linda Suroviec.

Cori Sachais Swidorsky, © 2005 Cori Sachais Swidorsky.

Diane Thompson, © 2005 Diane Thompson.

Jayne Thurber-Smith, nachgedruckt mit Genehmigung aus *Hühnersuppe für die Seele – Gute Besserung!* © 2006 Jack Canfield und Mark Victor Hansen.

Isa Traverso-Burger, © 2004 Isa Traverso-Burger.

Dr. med. Abraham J. Twerski, nachgedruckt mit Genehmigung aus *Hühnersuppe für die Seele – Gute Besserung!* © 2006 Jack Canfield und Mark Victor Hansen.

Peter Vegso, nachgedruckt mit Genehmigung aus *Hühnersuppe für die Seele – Gute Besserung!* © 2006 Jack Canfield und Mark Victor Hansen.

Shelley Wake, © 2005 Shelley Wake.

Elizabeth Walton, nachgedruckt mit Genehmigung aus *Hühnersuppe für die Seele – Gute Besserung!* © 2006 Jack Canfield und Mark Victor Hansen.

Sharon Wegscheider-Cruse, nachgedruckt mit Genehmigung aus *Hühnersuppe für die Seele – Gute Besserung!* © 2006 Jack Canfield und Mark Victor Hansen.

Sarah White, © 2005 Sarah White.

David R. Wilkins, nachgedruckt mit Genehmigung aus *Hühnersuppe für die Seele – Gute Besserung!* © 2006 Jack Canfield und Mark Victor Hansen.

Alice J. Wisler, © 2005 Alice J. Wisler.

Peter Wright, nachgedruckt mit Genehmigung aus *Hühnersuppe für die Seele – Gute Besserung!* © 2006 Jack Canfield und Mark Victor Hansen.

Stephanie Ziebarth, © 2005 Stephanie Ziebarth.

Themenregister

Zahlen beziehen sich auf die Seitenzahlen des Buches.

Abenteuer 118, 312, 345
Abstinenz 183, 336
Affirmation 68
Akzeptanz 85, 229, 259
Alkohol, Alkoholiker, Alkoholismus 22 f., 25, 33, 35, 37 f., 47, 54, 63, 69, 84, 96, 110, 112, 121, 128, 133, 137, 161, 165, 186, 192 f., 197, 216, 228, 235, 241, 258, 273 f., 288, 308, 310, 313, 316, 320, 326, 329, 336 f., 347, 358, 360
Angst, Ängste 7, 29, 48, 51, 120, 122 f., 127, 151, 160, 208, 248, 255, 257 f., 262, 323, 350
Anspruch, Ansprüche 105, 322
Ärger 56
Atmen 50
Aufmerksamkeit 368
Ausdauer 170, 259, 268
Autismus 53, 275
Autonomie 163
Autorität, moralische 19

Bedauern 143
Bedürfnis(se) 107, 110 f., 144, 159, 200, 297, 362
Befriedigung 8, 124, 282, 322
Befürchtungen 298

Begeisterung, Begeisterungsfähigkeit 166, 344, 370
Begrenzungen 68, 80
Berührung 366
Bescheidenheit 134, 281
Beständigkeit 86
Beziehung(en) 90, 225, 311, 321, 326, 356, 359, 369
Blockaden 226
Botschaften 119

Chance 41
Chaos 106, 148, 316
Charakter, Charakterstärke 28, 124, 189, 213, 219 f., 334
co-abhängig 212

Dankbarkeit 35, 51, 77, 140, 148, 204, 218, 240, 324
Demut 334
Depression 241
Diamanten 306
Drogen 25, 35, 55, 63, 84, 121, 150, 173, 186, 192, 217, 228, 237, 288, 313, 316, 329

Ego, Egoist 9, 80, 174
Ehrfurcht 136
Ehrlichkeit 305
Einsamkeit 225, 366

Einstellung(en) 100, 105, 113, 122, 124, 130, 141, 167, 177, 211, 215, 220, 250, 253, 333, 369 f.
Ekstase 136
Emotionen 35, 196
Empfindungen 142
Encounter-Gruppen 349
Energie 66, 290, 297
Entscheidungen 20, 64, 143, 167, 179, 269, 294, 333
Entschlossenheit 130, 167, 288, 331
Entschlusskraft 298
Entspannen 50
Enttäuschung(en) 93, 153, 236, 280, 363
Entzug 183
Erfahrung(en) 6, 12, 35, 51, 72, 76, 86, 93, 100, 153, 185, 257, 265, 287, 335, 339
Erfolg(e) 71, 101, 109, 155, 157, 160, 214, 232, 236, 263, 298, 357
Erfüllung 124
Erinnerungen 42, 65, 286
Erwartungen 82, 182
Ess-Störung, -sucht 104, 185

Familie 6, 72, 150, 245, 347
Familienmuster 76
Familienrituale 128
Fehler 102, 188, 201, 250, 266, 275, 313, 325
Flexibilität 80
Flüstern 190
Freiheit 9, 139, 199, 224, 253, 323, 340
Freude 13, 60, 113, 123, 220, 317, 324, 341

Freund(e), Freundschaft 6, 132, 144, 162, 198, 282, 315, 326
Freundlichkeit 140
Frieden 52, 62, 77, 98, 138, 181, 308, 331, 344
Frustrationen 149

Gebet(e) 54, 93, 119, 138, 147, 215
Geduld 78, 106, 108, 124, 160, 162, 259
Geheimnisse 19
Gehörlose 75
Geistesblitze 119
Gelassenheit 98, 169, 200, 205, 230, 308, 316, 369
Geld 177, 220, 252, 357
Gewohnheiten 124, 164
Glaube 160, 166, 191
Gleichgewicht, seelisches 44
Glück 78, 123, 159, 164, 339
Grenzen 7, 297, 356
Güte 44

Haustiere 58
Herausforderung(en) 41, 52, 71, 78, 141, 270, 295, 321
Hoffnung(en) 60, 66, 103, 127, 144, 169 f., 249, 254, 283
Hoffnungslosigkeit 125, 318
Humor 252

Identität 57, 213, 326
Imagination 114
Inspiration 86, 370
Instinkte 142
Integrität 178
Intelligenz 135
Intimität 51, 311, 326
Intuition 142

Isolation 350
Kameradschaft 63
Katalysator 74, 331
Katastrophe 129
Kind(er) 7, 52, 76, 94, 116, 126, 128, 139, 149, 156, 184, 246, 276
Kindheit 16, 72, 137, 172, 245
Komplexität 312, 331
Konsequenzen 25, 367
Kraft 80, 92
Krankheiten 254
Kreativität 10, 94, 185, 322
Kritik 95
Kummer 60

Lachen 158, 171, 351 f.
Langeweile 82
Lebensenergie 129, 269
Lebenserfahrung 110
Lebensfluss 66
Lebensqualität 74
Lebensweisheiten 117
Lebenszweck 18
Lektionen 301
Lernen 202
Liebe 21, 23, 29, 78, 83, 106, 171, 220, 222, 226, 230, 259, 302, 326, 329 f., 341, 370
Listen 18
Lügen 316, 340

Machtlosigkeit 38, 331
Machtstreben 80
Malen 114
Manipulation(en) 305, 363
Meinungen 7
Melanom 86
Missbrauch 30, 62, 126, 137, 172, 176, 192, 208, 228, 248, 346

Misserfolg(e) 73, 209, 217, 298
Misshandlung(en) 52, 126, 192
Missverständnisse 108
Mitgefühl 93, 259, 327, 351
Moral 88
Motivation 298
Mut 45, 51, 53, 87, 91, 139, 151, 169, 203, 227, 257, 259
Mutmacher 61

Natur 127, 361
Negativität 125, 211, 262
Neid 60
Neugier(de) 92, 94

Opfer, Opferrolle 209, 347, 356
Orientierungslosigkeit 229

Persönlichkeit 236, 351
Perspektive 21, 110, 187, 242, 285, 333
Potenzial 66, 92, 150, 160, 173, 328, 338, 351, 370
Prüfungen 54

Rache 332
Realität 76, 124, 233, 294
Reflexion 159
Reichtum, Reichtümer 16, 60, 78, 107
Reinigungsprozess 115
Rolle(n) 182, 213
Rollstuhl 152

Schätze 60
Schicksal 64 f., 123, 189, 197
Schicksalsschläge 91
Schmerz(en) 13, 66, 76, 93, 115, 139, 145, 248, 264, 267, 299, 309, 317, 341, 356

Schönheit 92
Schöpfergeist 66
Schreiben 114
Schuldgefühle 97
Schuldzuweisung 36
Schwächen 157
Schwierigkeiten 32
Selbstachtung 11
Selbstausdruck 45
Selbstgerechtigkeit 349
Selbstgespräche 27
Selbstliebe 83
Selbstlosigkeit 370
Selbstmitleid 64, 81, 89, 91, 240
Selbstmord 181
Selbstrespekt 354
Selbstvertrauen 52, 201, 340, 369
Selbstwertgefühl 33, 84, 134, 163
Selbstzerstörung 228, 248
Seligkeit 119
Sex 121, 147
Sicherheit 52
Siege 71
Singen 126
Sorgen 27, 83, 107, 101
Spiritualität 344
Stagnation 143
Standpunkt 7
Stärke 65, 188, 199, 240
Stolpersteine 167
Streit 108
Stress 62, 124, 205
Sucht, Süchte 46, 48, 64, 123, 138, 173, 197, 211, 277, 315, 347, 351, 363

Tagebuch 55, 272, 276, 347
Talent(e) 6, 29, 329, 370

Täuschung 305
Teufelskreise 123
Timing 99
Transformation 41, 135, 201, 359, 369
Trauer 170
Traumata 316
Träume 15, 50, 232, 236, 277, 280, 298
Treibholz 116
Treue 172

Überflieger 101
Überfluss 14, 164, 323
Überverantwortlichkeit 205
Überzeugungen 295, 298, 348
Unabhängigkeit 163
Ungeduld 82
Unterstützung 63
Unzufriedenheit 82
Urteil(e) 57, 110, 175, 302

Veränderung(en) 28, 115, 253, 257, 262, 369
Verantwortung 31, 38, 76, 103, 108, 205, 267, 269, 339, 347, 363
Verbitterung 105
Vergangenheit 13, 45, 55, 65 f., 76 f., 81, 129, 139, 167, 176, 179, 208, 210 f., 250, 262, 266 f., 369
Vergebung 107 f., 199 f., 226, 247, 363, 370
Verhalten 130, 196
– zwanghaftes 21
Verhaltensmuster, -weisen 34, 128, 189, 324
Verletzungen 62, 108, 301
Verlust 93, 153

Verrücktheit 137
Versuchung 138
Vertrauen 21, 48, 61, 70f., 113, 126, 176, 277, 283, 323, 335, 357, 363
Verzweiflung 35, 60, 93, 123
Vollkommenheit 91, 130, 312
Vorbild 64
Vorstellungskraft 298
Vorurteile 316

Wachstum 6, 74, 95, 115, 255, 265, 287, 317
Wahrheit 19, 23, 25, 49, 57, 72, 76, 91, 178, 187, 194f., 230, 367
Weisheit 105, 109, 169, 217, 254, 259, 296, 337
Wertesystem 57
Wertmaßstäbe 6
Wille(n) 113, 234, 288, 298
Willenskraft 298

Wissen 22
Wohlstand 14
Wunder 166, 204, 262
Wünsche 7, 159, 355
Würde 11, 57, 88
Wut 29, 56, 91, 168, 196, 309, 349

Zeit 156, 259, 299, 319
Zeitlinie 99
Zeitplan 107
Ziel(e) 39, 109, 124, 135, 157, 169, 295, 369
Zielgerichtetheit 338
Zufall, Zufälle 184, 197
Zufriedenheit 12, 60
Zukunft 13, 45, 55, 65, 77, 81, 135, 143, 155, 179, 189, 210, 224, 265f., 283, 312
Zuversicht 283, 296, 323, 340, 357, 366
Zweifel 124